Apokalyptische Steine

Rudolf Gerber

Herstellung Books on Demand GmbH
ISBN 3-8311-3314-X

Die zwölf apokalyptischen Steine Offb 21 19-20

Einleitung

Wer vor die Frage gestellt wird, was sind die apokalyptischen Steine, findet in der Bibel rasch eine Antwort und kann die zwölf Edelsteine benennen.
Wem aber die Aufgabe zukommt, die entsprechenden Steine für ein Relief auszuwählen, weiß um die Schwierigkeit solch kostbare Edelsteine anzuschaffen.
Mauern oder Grundsteine,wenn auch in Kleinformat, mit Edelsteinen zu besetzen ist ein teures und äußerst anspruchsvolles Ansinnen. Bei der Gestaltung die Vision des Sehers von Patmos darzustellen, stößt man auf erhebliche Unstimmigkeiten. Gewiss ist das eidetische Geschehen nicht mit der Wirklichkeit gleichzusetzen,doch irgendeine Entsprechung muss es schon beinhalten, sonst bleibt das Bild für jedes Verständnis unzureichend oder sogar unbegreiflich.
Beim Hinterfragen,ob diese genannten Steine mit den heutigen Edelsteinen "übereinstimmen", bleiben ebenfalls viele Antworten offen. Gab es zur damaligen Zeit diese für uns so kostbaren Edelsteine? und wo sind diese gefunden oder geschürft worden?
Darüber können nur antike geschichtliche Urkunden einen Erweis erbringen. Moderne Methoden der Edelsteinbestimmung nützen nichts. So müssen wohl die ältesten Schriften zu Rate gezogen werden und haben das Sagen.Das hingegen erfordert ein mühsames Suchen obschon Vorarbeiten bereits geleistet wurden. Dabei sind "Die Namen der Steine" im Spiegel der Sprache, von Hans Lüschen, 1979², eine wahre Fundgrube. Auch das Buch "Edelsteine" von Philipp Schmidt S.J., 1948, gibt wertvolle Hinweise für die Geschichte der Edelsteinkunde. Vor allem soll ein gewichtiger Beitrag von Plinius Secundus, Naturalis historia, Bd.1-6, hg. von Ludwig Jan-Karl Mayhoff,(1967/1970), besonders bearbeitet werden.
Nach dieser Vorarbeit kann wieder auf heutige Edelsteinforschung wie von W.F.Epper "Praktische Gemmologie",1973 oder Ulrich Henn "Lexikon" 2000, und Walter Schumann "Edelsteine und Schmucksteine", 1995 und Sim Unyong "Das himmlische Jerusalem" 1996, oder "extraLapis -Nr.21",2001, zurückgegriffen werden, um eine Einordnung nach heutigem Wissensstand unternehmen zu können.
Doch die bevorstehende Ausarbeitung steht noch aus, um ein wenig Licht in das Dunkel der Edelsteingeschichte, wie auch der modernen Erforschung der Edelsteine werfen zu dürfen, um so das Vorhaben zu verwirklichen, dass die "apokalyptischen Steine" endlich gefunden werden und ihren anspruchsvollen Platz erhalten.
Bernkastel-Kues, Neujahr 2002, Pfarrer R. Gerber, Diplompädagoge.

Die zwölf apokalyptischen Steine Offb 21 19-20

1. Namensgebung

In "Gems and Minerals of the Bible" 1970, V. Wright Ruth, Chadbourne Robert L., werden 1704 Namen der Steine und Minealien mit 124 griechischen und hebräischen Bezeichnungen genannt. Manche dieser Namen sind unbekannt und daher nicht zu bestimmen.
Obschon acht verschiedene Bibelübersetzungen zugrunde liegen, stimmen die darin enthaltenen Steine nicht mit 1 Neue Jerusalemer Bibel, 1985, noch mit der 2 Einheitsübersetzung, 1994 7 überein, sodass keine Namensfindung erfolgen kann auf die sich diese Ausarbeitung beruft.
Zugrunde gelegt sind auch die Darlegungen der Steine, die im Spiegel der Sprache "Die Namen der Steine", 1979 2, Lüschen Hans, aufgeführt werden.
In der Einführung wird gefordert, dass Name und Gegenstand einander entsprechen müssen. Denn die "Namensgebung" sei ein wichtiger Teil die Welt zum geistigen Eigentum zu bestimmen. Durch Namensgebung bemächtigt sich der Mensch der Dinge und diese Art der Bewältigung wirkt wieder ins Geistige zurück.
Solche sprachliche Fähigkeit wurde schon in Urzeiten vorgenommen. Und eigentümlicherweise hat man dem "Gegenstand Stein" männliche, weibliche, oder sächliche Merkmale zugeschrieben (der Stein, die Perle, das Gold) Zudem unterscheiden sich diese Personifizierungen bei verschiedenen Sprachen.
Das Wort "Stein" klingt vertraut und bedarf keiner Erklärung. Man denkt an den landläufigen Sinn des Kieselsteines, an einen Felsen oder gar an das Gebirge. Auch Versteinerungen gehören dazu, selbst die Erze mit ihren verschiedenen Bezeichnungen sind als Steine gemeint.
Älteste Namensgebungen werden durch Sprachvergleiche gewonnen. So hat das Wort "Salz" einen sehr frühen Ursprung, auch Gold, Kupfer, Blei und Zinn.
Auch zahlreiche Gesteine sind als Edelsteine hervorgehoben worden. Dabei wird von edlen und minderedlen Steinen gesprochen, von kostbaren und billigen, Rohsteinen und geschliffenen Steinen.
Edelsteine wurden in verschiedenen Zeiten unterschiedlich bewertet. Das Wort Edelstein weist hin auf edles, hervorragendes Gestein, während das lateinische mit lapis pretiosus nicht das innere Wesen, sondern seinen Wert, seine Kostbarkeit betont.

Wenn also der Seher von Patmos über die Edelsteine berichtet, so ist sein Wissen und seine Vorstellung durch Überlieferung mitbestimmt, zumal als Judenchrist in Erinnerung an alttestamentlicheTexte und das Brustschild (Ephod) des hohenpriesterlichen Gewandes. Wenn auch die Namensanordnung und die Reihenfolge nicht übernommen wurde, sind die Grundsteine in der Offenbarung 21_{19-20} wiedergegeben: $_{1}$Jaspis; $_{2}$Saphir; $_{3}$Chalzedon; $_{4}$Smaragd; $_{5}$Sardonys; $_{6}$Sardinon; $_{7}$Chrysolith; $_{8}$Beryll; $_{9}$Topas; $_{10}$Chrysopras; $_{11}$Hyazinth; $_{12}$Amethyst.
Das neue Jerusalem hat 12 Tore als jeweils eine Perle und die Straße der "Stadt" ist aus reinem Gold.

Die Anordnung am Brustschild des Hohenpriesters, des priesterlichen Ornates hingegen: Ex 28_{17-20}; 39_{10-13}

$_{1}$Rubin	$_{2}$Topas	$_{3}$Smaragd	erste Reihe
$_{4}$Karfunkel	$_{5}$Saphir	$_{6}$Jaspis	zweite Reihe
$_{7}$Achat	$_{8}$Hyazinth	$_{9}$Amethyst	dritte Reihe
$_{10}$Chrysolith	$_{11}$Karneol	$_{12}$Onyx	vierte Reihe

Diese Edelsteine sollen in Gold gefasst sein.

Die Bedeutung der einzelnen Steinnamen im MT ist durchaus unklar und hat durch die LXX (Septuaginta) ihre erste Interpretation erfahren. Auf den Steinen sind die Namen der zwölf Stämme eingraviert; eine Beziehung zwischen Stein- und Stämmenamen läßt sich nicht ausmachen. Eine ähnliche Zusammenstellung von Edelsteinen findet sich bei Ez 28_{13} vgl. Apk 21_{19} Nach Ezechiel Ex 25_{7} und 35_{9} sind die Edelsteine eine Spende der Gemeinde. [The Stones of the High Priest's Breastplate (Annual of the Leeds University Orental Society 5, 1963/1965, 40-62) Harris J.S.]
Dem breiten Sprektrum von Edelsteinen in der E-Zeit entspricht die differenzierte Nomenklatur. Es ist aber kaum möglich die hebräischen Ausdrücke in unsere Terminologie zu übertragen. Das zeigen die "Übersetzungsvarianten" und entsprechenden divergierenden "Deutungsvorschläge" der Exegeten. (Biblisches Reallexikon, Galling K., Tübinge, 1977^{2})

2. Namensherkunft

2.1. Einschätzung in der Bibel

Eines der ältesten Dokumente für die Edelsteine ist die Bibel. Ohne den Anspruch auf Vollständigkeit zu erheben sollen einige Beispiele genannt werden: Schon im Lande Eden fand sich der Onyx Gen.2$_{18}$ Auf Anordnung Gottes dienten Edelsteine zur Herstellung mosaischer Kultgeräte und Schmuck priesterlicher Amtskleidung Ex.28 ff; 39$_{10\ ff}$ und kostbare Steine zu schneiden und zu fassen Ex.31$_{3\ ff}$ Dazu benutze man einen eisernen Griffel mit einer Diamantspitze Jer.17$_{1}$ Im Garten Gottes, in Eden, bist du gewesen. Allerlei kostbare Steine umgaben dich: Rubin,Topas, dazu Jaspis, Chrysolith, Karneol und Onyx, Saphir, Karfunkelstein und Smaragd Ez.28$_{13}$ Mit Ezechiel beginnt die Apokalyptik vom neuen Himmel und die neue Erde 2 Petr.3$_{13}$ in der Sprache des Gleichnisses von Licht, Farbe, Glanz und Töne als Kennzeichen des Göttlichen."Oberhalb der Platte über ihren Köpfen war etwas, das wie Saphir aussah und einem Thron glich." Ez.1$_{26}$ Das neue Jerusalem bei Isaias: "Sieh her: Ich selbst lege dir ein "Fundament" aus Malachit und Grundmauern aus Saphir. Aus Rubinen mache ich deine Zinnen, aus Beryll deine Tore und alle deine Mauern aus kostbaren Steinen. Jer.54$_{11\ f.}$

Denn Jerusalem wird wieder aufgebaut aus Saphir und Smaragd seine Mauern macht man aus Edelstein, seine Türme und Wälle aus reinem Gold, Jerusalems Plätze werden ausgelegt mit Beryll und Rubinen und mit Steinen aus Ofir. Tob.13$_{17}$ Bei Johannes heißt es: Ihre Mauer ist aus Jaspis gebaut und die Stadt ist aus reinem Gold wie aus reinem Glas. Die Grundsteine der Stadtmauer sind mit edlen Steinen aller Art geschmückt; der erste Grundstein ist ein Jaspis, der zweite ein Saphir, der dritte ein Chalzedon, der vierte ein Smaragd,der fünfte ein Sardonyx, der sechste ein Sardion, der siebte ein Chrysolith, der achte ein Beryll, der neunte ein Topas, der zehnte ein Chrysopras,der elfte ein Hyazinth, der zwölfte ein Amethyst. Die zwölf Tore sind zwölf Perlen, jedes der Tore besteht aus einer einzigen Perle. Die Straße der Stadt ist aus reinem Gold, wie aus klarem Glas. Offb.21$_{18\text{-}21}$

Vom Geiste ergriffen sieht Johannes Gott den Herrn auf dem Thron sitzen, "der wie ein Jaspis und Karneol aussah. Und über dem Thron wölbte sich ein Regenbogen, der wie ein Smaragd aussah." Offb.4$_{3}$

Von den 37 167 Wörtern der Bibel werden lediglich 48 als die apokalyptischen Steine genannt.

(Jaspis 7;Saphir 10;Chalzedon 1;Smaragd 6;Sardonyx 1; Sardion 1;Chrysolith 7;Beryll 3;Topas 5;Chrysopras 1;Hyazinth 3;Amethyst 3 und als Sammelbegriff 12;Gold 333; Silber 249;Perle 4)

2.2. Die zwölf apokalyptischen Steine der Bibel

1Jaspis: Das Buch Exodus 2818 bezeichnet die zweite Reihe des Ephod mit Karfunkel, Saphir und Jaspis.
Dasselbe Buch Ex 3911 die zweite Reihe des Brustschildes mit Karfunkel, Saphir und Jaspis.
Im Buch Ezechiel 2813 heißt es:Im Garten Gottes,in Eden, bist du gewesen. Allerlei kostbare Steine umgaben dich: Rubin,Topas,dazu Jaspis, Chrysolith, Karneol und Onyx,Saphir,Karfunkelstein und Smaragd.Aus Gold war alles gemacht, was an dir erhöht und vertieft war, alle diese Zierden brachte man an, als man dich schuf.
Die Offenbarung des Johannes43nennt:der wie ein Jaspis und Karneol aussah. Und über dem Thron wölbte sich ein Regenbogen,der wie ein Smaragd aussah.
In der Offenbarung des Johannes 2111 steht: erfüllt von der Herrlichkeit Gottes. Sie glänzte wie ein kostbarer Edelstein,wie ein kristallklarer Jaspis.
Und 2118 :Ihre Mauer ist aus Jaspis gebaut und die Stadt ist aus reinem Gold, wie aus reinem Glas.
In Vers 2119 wird gesagt: Die Grundstein der Stadtmauer sind mit edlen Steinen aller Art geschmückt; der erste Grundstein ist ein Jaspis, der zweite ein Saphir, der dritte ein Chalzedon, der vierte ein Smaragd,

2Saphir: Das Buch Exodus 2410 schreibt: und sie sahen den Gott Israels. Die Fläche unter seinen Füßen war wie mit Saphir ausgelegt und glänz te hell wie der Himmel selbst.
Exodus2818 nennt im Ephod: die zweite Reihe mit Karfunkel, Saphir und Jaspis.
Das Buch Exodus3911bezeichnet: die zweite Reihe mit Karfunkel,Saphir und Jaspis.
Im Buch Tobit1317 steht: Denn Jerusalem wird wieder aufgebaut aus Saphir und Smaragd;seine Mauern macht man aus Edelstein,seineTürme und Wälle aus reinem Gold; Jerusalems Plätze werden ausgelegt mit Beryll und Rubinen und mit Steinen aus Ofir.
Bei Ijob2816 über die Erhabenheit der Weisheit:Nicht wiegt sie Gold aus Ofir auf, kein kostbarer Karneol, kein Saphir.
Jesaja 5411 schreibt über das neue Jerusalem: Die Ärmste, vom Sturm Gepeitschte, die ohne Trost ist, sieh her: Ich selbst lege dir ein Fundament aus Malachit und Grundmauern aus Saphir.
Das Buch Ezechiel126 schaut:Oberhalb der Platte über ihren Köpfen war etwas, das wie Saphir aussah und einem Thron glich. Auf dem, was einem Thron glich, saß eine Gestalt, die wie ein Mensch aussah.

Ezechiel 101 Ich sah:Oberhalb der gehämmerten Platte über den Köpfen der Kerubim war etwas,das wie Saphir aussah und einem Throne glich.
Ezechiel 2813 Im Garten Gottes, in Eden, bist du gewesen. Allerlei kostbare Steine umgaben dich: Rubin, Topas, dazu Jaspis, Chrysolith, Karneol und Onyx, Saphir, Karfunkelstein und Smaragd. Aus Gold war alles gemacht, was an dir erhöht und vertieft war, all diese Zierden brachte man an, als man dich schuf.
Die Offenbarung des Johannes 2119 schreibt: Die Grundsteine der Stadtmauer sind mit edlen Steinen aller Art geschmückt; der erste Grundstein ist ein Jaspis, der zweite ein Saphir, der dritte ein Chalzedon, der vierte ein Smaragd,

3 Chalzedon Offb 2119 Die Grundsteine der Stadtmauer sind mit edlen Steinen aller Art geschmückt; der erste Grundstein ist ein Jaspis, der zweite ein Saphir, der dritte ein Chalzedon, der vierte ein Smaragd,

4 Smaragd Exodus 2817 Besetze sie mit gefassten Edelsteinen in vier Reihen: die erste Reihe mit Rubin, Topas und Smaragd;
Exodus 3910 Sie besetzten sie mit Edelsteinen in vier Reihen: die erste Reihe mit Rubin ,Topas und Smaragd,
Aus dem Buch Tobit 1317 Denn Jerusalem wird wieder aufgebaut aus Saphir und Smaragd;seine Mauern macht man aus Edelstein,seineTürme und Wälle aus reinem Gold; Jerusalems Plätze werden ausgelegt mit Beryll und Rubinen und mit Steinen aus Ofir.
Ezechiel 2813 Im Garten Gotte, in Eden, bist du gewesen. Allerlei kostbare Steine umgaben dich: Rubin,Topas, dazu Jaspis,Chrysolith, Karneol und Onyx, Saphir, Karfunkelstein und Smaragd. Aus Gold war alles gemacht, was an dir erhöht und vertieft war,all diese Zierden brachte man an, als man dich schuf.
Offenbarung 43 der wie ein Jaspis und ein Karneol aussah.Und über dem Thron wölbte sich ein Regenbogen, der wie ein Smaragd aussah.
Offenbarung 2119 Die Grundsteine der Stadtmauer sind mit edlen Steinen aller Art geschmückt; der erste Grundstein ist ein Jaspis, der zweite ein Saphir, der dritte ein Chalzedon, der vierte ein Smaragd,

5 Sardonyx Offenbarung 2120 der fünfte (Grundstein) ein Sardonyx,

6 Sardion Offenbarung 2120 der sechste (Grundstein) ein Sardion,

[7]Chrysolith Buch Exodus 2820 die vierte Reihe mit Chrysolith,Karneol und Onyx; sie sollen in Gold gefasst und eingesetzt sein.
Buch Exodus 3913 die vierte Reihe mit Chrysolith, Karneol und Onyx;sie waren in Gold gefasst.
Das Buch Ezechiel 116 Die Räder sahen aus, als seien sie aus Chrysolith gemacht. Alle vier Räder hatten die gleiche Gestalt. Sie waren so gemacht, dass es aussah, als laufe ein Rad mitten im andern.
Das Buch Ezechiel 109 Und ich sah neben den Kerubim vier Räder, ein Rad neben jedem Kerub. Die Räder waren wie glitzernder Chrysolith.
Das Buch Ezechiel 2813 Im Garten Gottes,in Eden, bist du gewesen. Allerlei kostbare Steine umgaben dich: Rubin, Topas, dazu Jaspis, Chrysolith, Karneol und Onyx, Saphir, Karfunkelstein und Smaragd. Aus Gold war alles gemacht, was an dir erhöht und vertieft war, all diese Zierden brachte man an, als man dich schuf.
Das Buch Daniel 106 Sein Körper glich einem Chrysolith, sein Gesicht leuchtete wie ein Blitz und die Augen waren wie brennende Fackeln. Seine Arme und Beine glänzten wie polierte Bronze. Seine Worte waren wie das Getöse einer großen Menschenmenge.
Die Offenbarung des Johannes 2120 der fünfte ein Sardonyx, der sechste ein Sardion, der siebte ein Chrysolith, der achte ein Beryll, der neunte ein Topas,der zehnte ein Chrysopras,der elfte ein Hyazinth der 12te ein Amethyst.

[8]Beryll Das Buch Tobit 1317 Denn Jerusalem wird wieder aufgebaut aus Saphir und Smaragd; seine Mauern macht man aus Edelstein, seine Türme und Wälle aus reinem Gold; Jerusalems Plätze werden ausgelegt mit Beryll und Rubinen und Steinen aus Ofir.
Das Buch Jesaja 5412 Aus Rubinen mache ich deine Zinnen,aus Beryll deine Tore und alle deine Mauern aus kostbaren Steinen.
Die Offenbarung 2120 der fünfte ein Sadonyx, der sechste ein Sardion, der siebte ein Chrysolith,der achte ein Beryll,der neunte einTopas,der zehnte ein Chrysopras,der elfte ein Hyazinth,der zwölfte ein Amethyst.

[9]Topas Das Buch Exodus 2817 Besetze sie mit gefassten Edelsteinen in vier Reihen: die erste Reihe mit Rubin, Topas und Smaragd;
Exodus 3910 Sie besetzten sie mit Edelsteinen in vier Reihen:die erste Reihe mit Rubin, Topas uns Smaragd,
Das Buch Ijob 2819 Der Topas von Kusch kommt(der Weisheit)nicht gleich und reinstes Gold wiegt sie nicht auf.

Das Buch Ezechiel 2813 Im Garten Gottes, in Eden, bist du gewesen. Allerlei kostbare Steine umgaben dich: Rubin, Topas, dazu Jaspis, Chrysolith, Karneol und Onyx, Saphir, Karfunkelstein und Smaragd. Aus Gold war alles gemacht, was an dir erhöht und vertieft war, all diese Zierden brachte man an, als man dich schuf.
Die Offenbarung 2120 der fünfte ein Sardonyx, der sechste ein Sardion, der siebte ein Chrysolith, der achte ein Beryll, der neunte ein Topas, der zehnte ein Chrysopras, der elfte ein Hyazinth der zwölfte ein Amethyst.

10 Chrysopras Die Offenbarung 2120 der zehnte ein Chrysopras,

11 Hyazinth Das Buch Exodus 2819 die dritte Reihe mit Achat, Hyazinth und Amethyst;
Exodus 3912 die dritte Reihe mit Achat, Hyazinth und Amethyst,

12 Amethyst Exodus 2819 die dritte Reihe mit Achat, Hyazinth u.Amethyst;
Exodus 3912 die dritte Reihe mit Achat, Hyazinth und Amethyst,
Die Offenbarung 2120 der fünfte ein Sardonyx, der sechste ein Sardion, der siebte ein Chrysolith, der achte ein Beryll, der neunte ein Topas, der zehnte ein Chrysopras, der elfte ein Hyazinth der zwölfte ein Amethyst.

Mit dieser Auflistung der "apokalyptischen Steine" in der Bibel ist zwar ein Überblick gewonnen, aber ob diese genannten Edelsteine mit der heutigen Bezeichnung übereinstimmen ist damit noch nicht gewährleistet und muss sich einer neuen Nachforschung unterziehen lassen. Nach der Namensherkunft der Edelsteine wird mithin gefragt.
Dabei wird vor allem das Buch"Die Namen der Steine" Lüschen Hans,1979² behilflich sein, sowie die Schrift "Edelsteine" 1948,Schmidt Philipp, und die Abhandlung "Gemma Spiritalis",1977,Meier Christel, sowie"Das himmliche Jerusalem",1996, Unyong Sim, und vor allem die ältesten Urkunden in den Steinbüchern antiker Schriftsteller. Aber ein ganz "besonderer" Hinweis wird wohl bei Plinius Secundus "Naturalis historia" erwartet werden, der in seinem Buch die Edelsteine zuerst nach ihrer Farbe und dann in alphabetischer Anordnung beschreibt.

2.3. Sprachliche Ableitung und symbolische Erklärung

2.3.1. Jaspis

Der erste Grundstein wird mit Jaspis bezeichnet. Der Name stammt aus dem Orient: assyrisch aspu; hebräisch jaspeh; griechisch ιασπισ; (Dioskur [1.Jahrh. n.Chr.] V 142) lateinisch iaspis; mittelhochdeutsch Jaspis. Der Jaspis des "Altertums" stimmt nicht mit dem unsrigen überein. Zwar war er auch verschiedenfarbig, doch so, dass Grün als die erste Hauptfarbe, sogar (Isidor[+636] XVI 7,8) als einzige Farbe aufgezählt wurde. Vor allem wurde er als durchscheinend beschrieben, wodurch er sich von unserem Jaspis auffällig unterscheidet.

Er ist klein und selten(Theophrast,372-287 v.Chr.,de lapid.VI 35), ein"grüner und oft durchsichtiger Stein" (Plinius 23-79 n.Chr., n.h. 37,115)

Er wurde in der Antike als der alleredelste Stein genannt. Orpheus beschreibt die Frühlingsfarbe des Jaspis. "Wer mit dem geglätteten frühlingsfarbenen Jaspis kommt und Opfer bringt, erfreut das Herz der Götter und sie werden ihm die dürren Felder mit Wolken tränken.(Orpheus, Lithika [4.Jahrh.n.Chr.]267-270) Nach(Plinius n.h. 37,116 und Dioskurides[1. Jahrh. n.Chr.]V 142) ist Jaspis verschiedenfarbig (grün, purpur, rose und blau).

In der Bibel Offb.21 11 wird er als der alleredelste Stein genannt und mit dem Eis bzw. mit dem Bergkristall verglichen (κρισταλλιδσοντι) von Martin Luther mit (hell) übersetzt, oder grün durchsichtig wie Flusspat. Man hat an Chrysopras gedacht, weiter an andere schönfarbige und durchscheinende Quarz - Arten, auch an Nephrit, doch lässt sich keine Gewissheit gewinnen. Jedenfalls ist ein Bedeutungswandel festzustellen, denn heute versteht man unter Jaspis unreinen, undurchsichtigen, auch an den Kanten nicht durchscheinenden Quarz. Je nach der Beimengung können nahezu alle Farben auftreten.Nur wenige Arten -weit weniger als beim Achat- erhielten besondere Namen:Bandjaspis; Silex; Kugeljaspis; deutscher Jaspis(bei Nunkirchen); Blutjaspis(Heliotrop), der eigentlich zum Chalzedon und nicht zum Jaspis gehört.

Jaspis wird häufig den Chalcedonen zugerechnet, machmal aber auch wegen seiner körnigen Struktur als eingenständige Gruppe innerhalb der Quarze betrachtet. (Schumann Walter, Edelsteine, 1995; Henn Ulrich, Lexikon, 2000)

Der Prasiolith als "lauchgrüner Stein" kommt wohl kaum infrage, weil er durch Brennen(bei 500° C) von violettem Amethyst oder gelblichem Quarz gewonnen wird. (Schumann Walter, Edelsteine und Schmucksteine, 1995, S 120)

2.3.2. Saphir

In griechisch σαπφειροσ (Diosk.V.139) wird als Fremdwort aus dem Osten angesehen. Sanskrit sani - priyam (von sani, das ist dem Planeten Saturn, geliebt.) Bei andern liegt babylonisches sipru ritzend zugrunde. (Lippmann III S.40) Hebräisch =sappir. Lateinisch = sapphirus(Plin. 37,120 u.ö). In der Vulgata Ex 24_{10} u.ö. Mittellateinisch meist saphirus.

Der antike Stein war nicht unser heutiger Stein,sondern der Lasurstein [Lapislazuli (Lapis)]. Chrarkteristisch für diesen sind Undurchsichtigkeit bei tiefem Blau und Einschlüsse von goldigschimmerndem Pyrit.

Theophrast (23) nennt den Saphir "gleichsam goldgesprenkelt" und Plinius(37,119 f.) sagt, Saphire seien blau, selten wie mit Purpur und hätten glänzende goldene Punkte. Die besten aus Medien seien nie durchsichtig. Er ist undurchsichtig, tiefblau mit Einschlüssen von goldschimmerndem Pyrit (Dioskur V.139)

Außerdem kommt der Saphir in der Beschreibung des neuen Jerusalem(Jes 54_{11};Tob 13_{16};2 Q 24 Fr.3.2.2) und auch in der Theophanie vor(Ex 24_{10}; Ez 1_{26}; 10_{1}; äth.Hen 18_{8})

Eindeutig erkennbar ist der heutige Saphir in dem arabischen Zweig der Überlieferung, der in fast allen mittelalterlichen Lapidarien aufweisbar ist. Hier hat er seinen alten griechischen Namen Hyazinth umgeformt zu arabisch Jkut, mittelalterlich iacintus, deutsch Jachant o.ä.Damit hat der Lasurstein seinen Namen an den Saphir abgegeben.

Solange man die Bestandteile des Saphirs (wie Rubins) nicht kannte, waren die Mineralogen wegen seiner Einordnung in Verlegenheit. Man hat ihn zusammen mit Diamanten und anderen Edelsteinen in eine Gruppe Glasartige Steine oder in die Gruppe Kieselarten eingeordnet. Erst Klaproth entdeckte, dass Saphir (wie Rubin) wesentlich Tonerde (Al_2O_3) ist. (1800. Karsten S. 72)

Der Saphir ist einer der bedeutungsschweren Steinnamen. Er galt von je her und gilt noch heute zur Bezeichnung der schönsten Bläue,vor allem des Himmels.

Die Bilder des Alten Testamentes waren der Ausgangspunkt einer langen Reihe christlicher Allegorien, mannigfachster Art. Heinrich von Mügeln besingt die zwölfsternige Krone Mariens, wo jeder Stein eine Tugend bedeutet. Dante nennt Maria den schönen Saphir.(Himmel 23, 101 f.)

2.3.3. Chalzedon
Das Wort ist abgeleitet vom Namen einer griechischen Stadt am Eingang des Bosporus. (καλχηδϖν)
Der heute so genannte Chalzedon ist mit dieser Stadt nicht in Zusammenhang zu bringen. Es haben sich hierbei zwei Überlieferungen, eine an Kalchedon und eine andere an Karchedon (Karthago) angeknüpft und miteinander vermischt.
Plinius hat eine calchedonische Smaragd - Varietät(37,72) und einen carchedonischen Carbunculus(37,92ff.).Während von dem calchedonischen Smaragd in der Folgezeit nicht weiter die Rede ist, hat der carchedonische Carbunculus große Bedeutung erlangt.
Wie alle Carbunculus - Arten ist er feurigrot. Die carchedonischen Carbunculi, so heißt es aber, hätten etwas Schwärzliches im Aussehen. Im Schein des Feuers oder der Sonne funkelten sie außerordentlich. Das kann auf unseren Granat zutreffen, Nordafrikanische Granatfundstätten sind allerdings nicht bekannt.
Dieser Stein ging in die Überlieferung ein, wobei aber die Namen Calchedon und Carchedon verwechselt wurden.Die Vulgata hat die Lesarten calchedonis und carchedonis. Die Schreibung mit l wurde im Mittelalter die vorherrschende. Dieser Chalzedon, auch der in der Offenbarung(Offb. 22$_{19}$) genannte, war also feurigrot. Er hat gar keine Ähnlichkeit mit unserem Chalzedon. In der Antike war die rote Chalcedon-Gemme die meist benutzte. (Lüschen Hans, Die Namen der Steine, 1979[2] S 195)
Mit Albertus Magnus(1200-1280) beginnt eine Reihe von Beschreibungen, die gar nicht mehr auf den antiken Carbunculus Carchedonius passen, wohl aber auf unseren Chalzedon bezogen werden können.
Chalzedon ist jetzt der umfassende Begriff für mikrokristalline Quarze Die Färbung ist mannigfaltig je nach den färbenden Beimengungen. Einige dadurch entstehende Abarten haben eigene Namen: Karneol, rot oder rötlich; Sarder, braun bis fast schwarz;Plasma, grün; Heliotrop dunkelgrün mit roten Flecken; Chrysopras, apfelgrün.
Chalzedon im engeren Sinn ist alles übrige. Es handelt sich meist um lichte Farbtöne. "Er hat nur einen geringen Grad der Durchsichtigkeit, wie Milch, die mit Wasser verdünnt ist, oder wie wenn man durch einen Nebel sieht; er spielt auch immer in die weisse oder graue Farbe". (1777. Gmelin I S.561) In den jüdischen Schriften findet er kaum Erwähnung.
(Unyong Sim, Das himmliche Jerusalem, 1996, S 108)

2.3.4. Smaragd

Griechisch σμαραγδοσ auch μαραγδοσ genannt, wird mit sanskrit samaraka, marakata; persisch zamarrad zusammengebracht, wobei wohl Entlehnung ins Griechische aus dem Osten u.a. für möglich gehalten wird. Die ursprüngliche Bedeutung des Wortes ist unbekannt. Bei Herodot(um 450 v.Chr.) kommt es zwei Mal vor. Doch es ist nicht sicher, ob schon damals unser Smaragd gemeint war.
Auch andere lebhaft grüne Steine wurden im Altertum so bezeichnet. Vielleicht ist es Flusspat (CaF_2) oder Malachit oder Serpentin.
Der berühmt Ringstein des Polykrates soll nach Herodot (III, 41) ein goldgefasster Smaragd gewesen sein, nach Plinius (37,4) ein Sardonyx. Den riesigen ägyptischen Smaragden von vierzig Ellen Länge im Obelisken des Zeus möchte selbst Theophrast(23-27) den Namen absprechen, weil Smaragd selten und nicht groß ist. Unter den zwölf Smaragdenarten,die Plinius(37,65ff.)aufzählt,sind einige als grüne Kupfermineralien, Malachit oder Chrysokoll (Kupfersilikat) erkennbar.
Der Smaragd ist ein durchsichtiger, hellgrüner Stein (Theophrast IV 23 f.) Unter den vorzüglicheren Arten des Plinius aber ist zweifellos auch unser Smaragd beschrieben als einer der kostbarsten Steine nächst Diamant und Perle. "Der dritte Rang kommt dem Smaragden zu aus mehreren Gründen. Es gibt überhaupt keine angenehmere Farbe. Das Grün von Kräutern und Laub sehen wir begierig,Smaragde noch lieber, weil es überhaupt kein ihnen vergleichbares Grün gibt. Außerdem sind es die einzigen Edelsteine, die beim Betrachten das Auge füllen, ohne es zu sättigen. Ja von anderweitiger Anstrengung erholt sich die Sehkraft durch Anblick eines Smaragds und für Steinschneider gibt es keine erwünschtere Augen - Erfrischung: so sanft berührt das ruhige Grün deren Mattigkeit" (Plinius 37,62 f.)
Ende des 18. Jahrhunderts bemühte man sich um die Analyse des Smaragds. Vauquelin entdeckte 1798 im Beryll die Beryllerde und fand diese auch im Smaragd und der färbende Bestandteil das Chromium sei.
Die genaue Ableitung dieses Wortes ist ungeklärt.Im Ägyptischen bezeichnet mafek oder mafek-en-ma einen grünen Stein.Im Arabischen zumurrud bzw. zamurrud, im Hebräischen baret und Syrischen borko. Über die Zeit der ersten Smaragde im Land der Pharaonen um 1900 oder 1500 v.Chr. oder z.Zt. Kleopatras(1.Jahrh.v.Chr.)streiten sich die Gelehrten. In den Veden(1200 v.Chr.), den alten heiligen Schriften der Inder, werden Smaragde und ihre heilsamen Wirkungen beschrieben.
(Behmenburg Christa, Beryll und Smaragd, 2001 S 4 ff)

2.3.5. Sardonyx

Der Name σαρδονυξ ist heute aus der lebendigen Sprache nahezu verschwunden. In der Antike war der Stein hochgeschätzt und allbekannt. Solinus (33,18 ff.) sagt gelegentlich der Beschreibung Arabiens: "Von einer Bucht jener Küste erhielt der König Polykrates den Sardonyx-Stein, der in unserm Erdkreis zuerst die Fackel der Üppigkeit entfachte. Und ich meine nicht viel über ihn sagen zu müssen, so sehr ist der "Sardonyx" ins allgemeine Bewusstsein gekommen. Seine Oberfläche wird für gut befunden, wenn sie unvermischt rot, wird beanstandet,wenn sie schmutzig ist.Die Mitte wird eingeschlossen von weißlicher Umgrenzung. Diese soll ihre Farbe nicht ins Benachbarte streuen noch selbst daraus annehmen. Der Rest endet in Schwarz. Wenn dies durchscheinend ist, wird es als Fehler gerechnet. Wenn es den Blick nicht einlässt, dient das der Schönheit"

Der Name Sardonyx besagt nach Auffassung der Antike,dass er die rote Farbe des (antiken) Sarders mit der schwarzweißen Bänderung des Onyx vereinigt. (Isidor XVI 8,4)

Auch die mittelalterlichen Steinbücher schrieben ihm diese drei Farben zu. "Er ist ain tail rot und die roet hat er von dem sarden und ist ein teil weiz und swarz, die zwuo varb hat er von dem onicen. man spricht,daz der stain kain ander tugent hab denn daz der onix niht geschaden müg, wa der sardonix gegenwertich sein"(1350. Megenberg S.460)

Noch Lessing kämpfte auf Grund genauer Quellenkenntnis für die Auffassung, dass der Sardonyx schwarz-weiß-rot sei(Briefe antiquarischen Inhalts 48). Sein Bestreben, den Namen in Verbindung mit der antiken Tradition zu erhalten, war vergeblich. Heute heißt Sardonyx - sofern man den Namen überhaupt noch gebraucht-ein Achat,der das Braun oder Braunrot des(heutigen) Sarders mit dem Weiß des Onyx verbindet."(Lüschen Hans,Die Namen der Steine,1968,Seite 312) Braun/weiß gebänderter Chalzedon (Henn Ulrich, Edelsteinkundliches Fachbuch 2000)

Die in der Edelsteinkunst verwendeten mehrschichtigen Materialien heißen Lagensteine. Diese werden üblicherweise aus Achaten mit ebenen, parallel geführten Bändern geschnitten, normalerweise so, dass eine helle Schicht über einer dunklen liegt. Der Sard-Onyx ist ein "Lagenstein", bei dem die untere Grundschicht braun und die Oberschicht weiß ist. (Schumann Walter, Edelsteine, 1995, Seite 142)

2.3.6. Sardion

Der Name, griechisch σαρδιον, lateinisch sardius, mittelhochdeutsch= sarde, sardis, sardin, saradin,sardinicus oder ähnlich. Wird nach Deutung des Altertums zurückgeführt auf die Stadt Sardes in Kleinasien, wo der Stein zuerst gefunden sein soll. Vielleicht wird da der Fundort mit dem Durchgangsort für den Handel aus dem Orient verwechselt. Einleuchtender ist die Zurückführung auf das persische serd = gelbrot, das dann durch missverstehende Umdeutung mit Sardes in Zusammenhang gebracht wurde.

Sarder heißt demnach der Gelbrote.Das bestätigt auch,was die antiken Beschreibungen beweisen: dass der Sarder des Altertums den roten oder rötlichen Chalcedon mit umfasst. Auch der Sarder der Apokalypse ist also rot oder rötlich zu denken. Seit etwa 1200 n. Chr. wird dann der Name Karneol gebräuchlich, der Name Sarder wird eingeschränkt auf braunen Chalcedon,ja ist in Deutschland mehr noch als in anderen Ländern fast außer Gebrauch gekommen.
(Lüschen Hans, Die Namen der Steine, 1979², S 312)

Der Karneol wird von den Alten erst spät, nach der Zeit des Plinius (+79) erwähnt und kann schwerlich von dem antiken Sarder verschieden gewesen sein, oder der Unterschied beschränkt sich bloß auf die verschiedene Farbe. Auch war der Sarder der Alten von dem Sarder in der neueren Mineralogie verschieden. Der Beryll, der Topas, der Hyazinth, der Amethyst,der Chalcedon der Alten sollen ebenfalls von den mit diesen Namen bezeichneten edlen Steinen in der gegenwärtigen Mineralogie mehr oder weniger verschieden sein. Wenigstens haben diese Namen teils einen größeren Umfang in Beziehung auf die subsumierte Spezies, teils eine striktere Beziehung auf die Hauptgattung,der sie angehören. (Schmidt Phil., Edelsteine, 1948 S. 32; Krause S. 95 f)

Der Sarder ist rotbrauner bis brauner Chalcedon. (Henn Ulrich, Lexikon, 2000)

Nach Walter Schumann S. 126 ist der Sarder (Sard) eine rotbraune bis braune Chalcedon-Varietät. Er hat keine scharfe Abgrenzung zum rötlichen Karneol, und zugleich die gemeinsamen Fundorte und Verwendungszwecke für Gemmen.

2.3.7. Chrysolith

Lateinisch, Chrysolithus (Plinius 37, 126; 172) Griechisches χρυσολιθοσ ist erst aus weit späterer Zeit belegt. Chrysolith heißt Goldstein (χρυσοσ = Gold; λιθοσ = Stein),und der antike Chrysolith war gelb oder golden.Plinius beschreibt ihn als durchscheinend und goldglänzend. Um welchen es sich handelt ist unsicher. Durchscheinend und goldglänzend können sein Topas, gelber Korund, Zitrin, Chrysoberyll, Beryll und andere. Der heutige Chrysolith (Olivin) ist grün verschiedener Farbtönungen, auch gelbgrün, einer der wenigen Edelsteine, die nur in einer Farbe auftreten. Es hat also ein Bedeutungswandel stattgefunden, und zwar hat sich dieser unmerklich im Bereich der literarischen Überlieferung vollzogen.

Hieronymus (345-419 n.Chr.) sagt gelegentlich einer Erklärung des hebräischen Edelsteinnamens Tharschisch: dieser sei derselbe wie unser Chrysolith und habe den Namen von seiner Ähnlichkeit mit der Farbe des Meeres. Er ist dem Gold ähnlich mit einem Anklang an Meerfarbe (Isid. XVI 15,2) "Chrysolith ist ein Stein, der in seiner Farbe einen zarten grünen Schimmer hat, in dem er vor dem Blick der Sonne glänzt wie ein goldener Stern." (nach 1250. Albertus II 2,3)

Nach alledem ist die Frage, was für ein Stein unter dem Chrysolith verstanden wurde, für frühere Jahrhunderte nicht klar zu beantworten. Was Chrysolith bedeutet, musste Ende des 18. Jahrhunderts neu bestimmt werden. Werner gab 1790 (Bergm. Journal 3,2) eine Beschreibung des Chrysoliths heraus. Er fand die wesentlichen Bestandteile und stellte fest, dass Chrysolith und Olivin zusammengehören.

Der größte geschliffene Chrysolith wiegt 310 Karat(ct);er stammt von der Insel "Zebirget". Seine kräftige Doppelbrechung ist ein wichtiges Erkennungsmerkmal. (Schumann Walter, Edelsteine und Schmucksteine,1995, S 158)

Gegenwärtig ist Chrysolith stark durch das aus dem Französischen kommende Peridot an die Seite gedrängt. Der Ursprung dieses Namens weist wohl auf das arabische faridat (Perle, Edelstein) hin.

Kreuzfahrer brachten Peridot nach Mitteleuropa. Im Mittelalter wurde dieser Edelstein viel für kirchliche Zwecke verwendet. In der Zeit des Barocks war er der Lieblingsstein dieser Epoche.(Schumann W., Edelsteine)

2.3.8. <u>Beryll</u>

Edelsteinname indischer Herkunft.Sanskrit vaidurya,Prakrit veruliyam, griechisch βηρυλλοσ, lateinisch Beryllus, berullus; mittelhochdeutsch, berille, barille, brille. Beryll hängt vielleicht mit der alten Handelsstadt "Belur" zusammen.Eine andere Spur läuft auf das Wort für "Perle": Im Altindischen heißt sie veluriya,im Sanskrit vidura. Diese Bezeichnung wurde im Laufe langer Zeit auf "Kristall"ausgedehnt. Über das chaldäische birla,arabische ballur oder billaur,bulur,das griechische beryllos und römische berullus bzw. beryllus, fand der "Beryll" schließlich Eingang in unsere Sprache. (Behmenburg Christa, Beryll und Smaragd, 2001 S 4)

Dass sich unser <u>Beryll</u> mit dem antiken bis zu einem gewissen Grad deckt, kann aus den Quellen herausgelesen werden. Plinius kennt 5 Arten von Beryll. (Plin. 37,76-79)

Beryllium ist ein Beryllium-Aluminium-Silikat. Einige Varietäten haben besondere Namen erhalten: Goldberyll, Aquamarin, Heliodor, Morganit. Der Smaragd wurde von Hauy als zum Beryll gehörig erkannt. Der indische König Sopithes erschien vor Alexander dem Großen mit goldenen Sohlen, an denen sich Gemmen befanden und mit einem goldenen mit Beryllen verzierten Stab in der Hand. Dieser Luxus hielt nach den Feldzügen Alexanders seinen Einzug an die Höfe seiner anderen Nachfolger, der prachtliebenden Diadochen, der Ptolomäer in Ägypten und der Seleuciden in Syrien. (Phil. Schmidt S.J., Seite 18)

Das Meergrün des Beryll ist die bevorzugte Farbe vor der goldfarbigen, lichtblauen und hyanzinthfarbigen. Als Ringstein wird er häufig gebraucht. (Juv. 5,37; Diog 39,4,16; Isidor XVI 7,6)

Das "Edelsteinkundliche Wörterbuch" 1995 von Ulrich Henn fasst unter Beryll zusammen: $Be_2Al_2Si_6O_{18}$, hexagonal, durchsichtig, farblos, grün, blau, gelb, rosa, rot. Die Härte = 7 1/2 - 8. Die Varietäten sind: Goshenid, Smaragd, Heliodor, Vanadiumberyll, Aquamarin,Goldberyll, Morganit, Bixbit, Beryll-Katzenauge, Sternberyll.

Chrysoberyll (Ξρυσοσ = Gold; Βερυλλοσ = Beryll) ist seit der "Antike" bekannt, die Varietäten Alexandrit und Chrysoberyll-Katzenauge werden besonders geschätzt.

Alexandrit wird in späterer Zeit nach dem Zaren Alexander II. genannt. Bei Tageslicht glänzt er grün und bei Kunstlich (außer Leuchtstoffröhren) scheint er rot. Dickere Steine zeigen den Farbwechsel (Changieren) am besten. (Schumann Walter, Edelsteine und Schmucksteine,1995, S 98)

Die Farben der russische Flagge waren grün/rot, deshalb war dieser Erdelstein in Russland so sehr begehrt. Dort befanden sich auch im Ural die größten Fundstellen, die aber nun ausgeschöpft sind.

2.3.9. Topas

Der Name lautet griechisch τοπαδσιον,im Lateinischen topazus,topazos, auch topazius oder topazion. Die letztgenannten Formen sind die im Mittellateinischen herrschenden.

Ein Versuch, den Namen zu erklären, findet sich bei Plinius (37,107-109). Unter Berufung auf Gewährsmänner gibt er abweichende Berichte über Fundorte wieder. Nach dem einen Bericht finde man ihn auf der arabischen Insel Cytis.

Trogodytische Seeräuber seien dort einst gelandet und hätten, von Hunger und Sturm ermüdet, nach Kräutern und Wurzeln gegraben und dabei den Topas aufgestöbert.

Nach anderer Quelle liege im Roten Meer 300 Stadien vom Festland die Insel Topazus. Sie sei neblig und schwer zu finden, daher ihr Name: topazin heiße in der Sprache der Trogodyten "suchen". Das klingt nach einer Fabel, könnte aber auch als Hinweis genommen werden, dass Topas im Griechischen Fremdwort war. Man hat an Verwandtschaft mit dem Altindischen,tapas=Glut,gedacht. Ob das Wort einen Bedeutungswandel durchgemacht hat, ist umstritten.

Unser Topas ist fluorhaltiges Aluminiumsilikat. Die als Edelsteine hochgeschätzten Stücke haben als Hauptfarbe ein mehr oder minder intensives Gelb. In der Dichtersprache wird Topasfarbe so sehr mit Gelb gleichgesetzt, dass darüber die immerhin nicht ganz seltenen grünen, blauen, rötlichen und farblosen Topase ganz vergessen werden.

Bei der Frage,ob sich der antike Topas mit dem unseren deckt, wurde deshalb auch zunächst immer von der gelben Farbe ausgegangen. Agatharchides (2. Jahrh.v.Chr.) gibt eine Insel im "arabischen Meerbusen" als Fundort an und nennt sie "Schlangeninsel". Er schildert den Stein Topazion als durchscheinend, dem Glas ähnlich, von lieblicher Goldfarbe. Das könnte unser Topas sein.

Die mittelalterlichen Lapidarien setzen die Tradition des gelben Topases fort. In dem für die Folgezeit maßgeblichen Lehrgedicht des Marbod (um1075) ist der Topas gelb in verschiedenen Farbtönungen.

Der Topas den Plinius und des Isidor (XVI 7,9) aber ist grün. Grüne Topase,in Europa ist eine Seltenheit und kommen hauptsächlich aus Ceylon Es ist ausgeschlossen dass Plinius von diesen spricht. Er muss einen anderen Stein beschrieben haben,man meint, den stets grünen Chrysolith. Die Schilderung des Fundortes nämlich, die Plinius gibt, passt auf die heute St. John genannte Insel im Roten Meer, die ein Hauptfundort - nicht des Topas - sondern des heute so genannten Chrysoliths im Altertum war, und nach Jahrhunderten der Vergessenheit, wieder aufgefunden worden ist. (Lüschen Hans, die Namen der Edelsteine, 1979², S 333)

Der "Gemmologe" D.B. Hoover schreibt im Jahre 1992: "Immer wenn man beginnt, sich mit der Geschichte der Edelsteine zu befassen, wird einem klar, wie wenig darüber eigentlich bekannt ist. Es stehen nur wenige, verlässliche Quellen zur Verfügung:Die Texte sind oft nur in unterschiedlichen Abschriften oder Übersetzungen zu haben, voll von Fehlern und Interpretationen. Auch ist es nahezu aussichtslos, historische Edelsteinnamen mit heutigen Mineralen in Verbindung zu bringen. Die Benennungskriterien sind zu unterschiedlich.
Nur eines ist ganz sicher: Mit "Topas" wurde in der Antike nicht unser Topas bezeichnet. Man kann es schon an der Farbe erkennen. Im Laufe der Zeit "wechselte" seine Farbe von Grün zu Gelb.
In ethymologischen Wörterbüchern erfährt man, dass Topas vom Mittellateinischen topazius stammt,das aus dem lateinischen Wort *topazus* und davor aus dem griechischen τοπαζιον abgeleitet ist.
Im ältesten bekanntenText über Steine,dem Steinbuch desTheophrastos von Eresos (372-287 v.Chr.), taucht das Wort nicht auf; allerdings ist das Buch nicht vollständig erhalten. Von Cornelius Alexander Polyhistor(1.Jahrh. v.Chr.)aber erfahren wir von einer Insel namens Topazios; er berichtet, dass man dort Steine in der Farbe von frischem Öl findet. Gemeint ist die Insel Zabarjad(dt Seberget, engl. auch St. John Island) Im Roten Meer, wo Olivin vorkommt. Zabarjad heißt auf Arabisch Olivin.
Es gibt in der Antike für Topas auch die Farbe Gelb. Agatharchides schreibt um 130 v.Chr. "Im Roten Meer liegt die sogenannte Schlangeninsel; auf dieser findet sich ein durchsichtiger, glasartiger Stein von lieblicher Goldfarbe.Die Einwohner sammeln ihn auf königlichen Befehl".
Frederik Kunz(1913)fand heraus,dass Topas,der zweite Stein im Brustschild des Hohen Priesters, im Alt -Hebräischen *pitdah* heißt. Er vergleicht das Wort mit dem alten Sanskritwort *pita* für gelb und überlegt ob damit der Topas als gelber Stein bezeichnet wurde. Ein weiteres Sanskritwort könnte Pate für"Topas"gestanden haben: *tapas* für Glut oder Hitze, was auch auf Gelb hinweist. Gelb in den unterschiedlichsten Tönungen ist nun auch die "klassische" Topasfarbe. Grün oder Gelb, Olivin (Chrysolith) oder unser heutiger Topas:Beides kommt in der antiken Literatur vor -aber auf der Insel Topazios ist nie Topas gefunden worden, sondern Olivin!" (extraLapis, Nr.13,1997, S 6)

2.3.10. Chrysopras

Über den antiken und mittelalterlichen Chrysopras ist keine Klarheit zu gewinnen. Bei Plinius wird er an zwei Stellen beschrieben, einmal als Abart des Berylls(37,77)und weiterhin im Anschluss an den Prasius(37,113) Beide Chrysoprase sollen grün sein mit Neigung zur Goldfarbe. Das besagt auch der Name: Gold-Lauch-Stein (χρυσοσ Gold, πρασον Lauch).
Er ist ein gold- oder apfelgrün schimmernder Stein (Plinius 37,77.109; Solinus 30,33) Der Chrysopras von der Farbe des Lauchsaftes und ein wenig ins Goldgelbe neigend, kommt in solcher Größe vor, dass man Trinkgefäße daraus verfertigt. (Plinius 37,34)
Im Mittelalter wurde daraus ein grüner Stein mit goldenen Tropfen. Das ist nicht der heutige Chrysopras. Der jetzt so genannte Chrysopras ist ein Quarz, der durch geringe Beimengung eines Nickelsilikats prachtvoll apfelgrün gefärbt ist. Die bedeutendste, jetzt nahezu erschöpfte Fundstätte lag in Schlesien bei Frankenstein. Sie lieferte schon im 14. Jahrhundert Platten für die Auskleidung der berühmten Kapelle des Hl. Wenzel in Prag. Man weiß jedoch nicht, unter welchem Namen der Stein bezeichnet wurde.
Chrysopras=durch Nickelminerale grün gefärbter Chalcedon.(Henn Ulrich)

2.3.11. Hyazinth

Das Wort ist griechisch υακινθοσ, stammt aber aus vorgriechischer Sprachschicht und ist nicht näher zu deuten.Es geht in ununterbrochener Überlieferung bis in die Gegenwart, hat aber im Laufe der Zeit sehr verschiedene Steine bezeichnet.
Im Griechischen bezeichnet Hyazinthos eineBlume,aber wohl nicht unsere Hyazinthe,vielleicht eine Irisart und einen Edelstein und zwar den blauen Korund, den wir heute Saphir nennen.
Lateinische Schriftstelle(Solinus 30,33; Isidor XVI 9,3)beschreiben den Hyacinthus oder Jacinthus als blau, gefärbt wie die Blume gleichen Namens und so hart, dass er nur mit Diamant bearbeitet werden könne. Auch der Hyazinth der Offenbarung ist höchstwahrscheinlich Saphir.
Im Mittelalter gewinnt der Name Hyazinth besondere Bedeutung in der arabischen Überlieferung. Das sogenannte Steinbuch des Aristoteles, auf syrischen Quellen des 9. Jahrhunderts fußend, dann arabisch und im 13. Jahrhundert hebräisch und lateinisch bearbeitet, wirkt auf vielerlei Wegen in die Überlieferung hinein.
Isidor (XVI 9,3) beschreibt ihn als "blau gefärbt, wie die Blumen gleichen Namens und so hart,dass er nur mit Diamant bearbeitet werden kann".
(Vgl. Solinus, 30,33; JosAs 68.1; äthHen 71,2; n.h. 37,122)

Hier ist Hyazinth, arabisch Jakut,mittellateinisch iacinctus od iacintus, deutsch ichant zusammenfassender Name für die Edelsteine, die wir jetzt die Korunde nennen. Es werden drei Arten unterschieden: 1iacintus rubens oder granatus, roter oder granatfarbener Hyazinth,=Rubin. 2iacintus citrinus, gelber Hyazinth unser gelber Korund.3iacintus venetus oder saphirinus,blauer oder saphirfarbener Hyazinth unser Saphir. Unsere Korunde sind in den Beschreibungen, die zu dieser Überlieferung in Beziehung stehen, eindeutig zu erkennen, weil gesagt wird, dass die Farbe des roten Hyazinths im Feuer verbessert werde, was für den gelben nicht in dem Maße gelte und der blaue leide im Feuer Schaden. (Heute ist bekannt, dass der Rubin in sehr starkem Feuer, wie es damals wohl nicht zur Verfügung stand, auch die Farbe verliert.) Außerdem wird auf die große Härte hingewiesen.

"Hyazinthen sind drei Arten. Einer ist rot und körnig. Der ist auch aller Steine kostbarster. Dies ist seine Natur: Wenn er in das Feuer geworfen wird und man immer weiter bläst, wird er immer röter. Ist irgend Schwarzes daran, das brennt das Feuer weg. Und er wird klar. Die andre Art Hyazinth heißt Citrinus. Der duldet nicht das Feuer. Die dritte Art Hyazinth heißt Venetus. Der duldet das Feuer durchaus nicht. (Rose Seite 386, 399 ff.)

Die Zusammenordnung so verschiedenfarbiger Steine nach ihrer natürlichen Verwandtschaft ist für jene Zeit, die wesentlich nach der Farbe ordnete, höchst bemerkenswert. Es blieb aber bei dem vielversprechenden Ansatz und die ganze Gruppe verflüchtigte sich.

Der rote Hyazinth wanderte als Rubin zu den anderen roten Steinen in das Geschlecht der Karbunkel, der blaue wurde zum Saphir und verlor damit den Namen,den er bei den Griechen und in der Bibel gehabt hätte, und bei Megenberg (1350.S.449) nur noch der gelbe Hyazinth übrig, immer noch als unser gelber Korund erkennbar.

Die Beschränkung auf äußerst harte Steine (Korunde) wurde in der Folgezeit aufgegeben. Am Ende des 18.Jahrhunderts war das Ergebnis, dass Hyazinth orangefarbene, mehr oder minder ins Gelbe, Rote oder Braune schlagende Edelsteine bezeichnete und zwar solche von sehr verschiedener Zusammensetzung.

Dann entdeckte Klaproth (1789) in Hyazinthen von Ceylon die "Zirkonerde". So kam es zur Einengung des Namens Hyazinth auf den gelbroten oder roten Zirkon, wie sie noch heute Gültigkeit hat.

2.3.12. Amethyst

Griechisches αμεθυστοσ wird seit dem Altertum gedeutet als der Unberauschte und weil selbst unberauscht, kann der Stein gegen Trunkenheit schützen.Diese Kraft wird ihm mit mehr oder minder Glauben durch alle Jahrhunderte zugeschrieben.

Plinius (37, 121) berichtet über zwei andere Erklärungen des Namens: Weinfarbe nicht erreichend, sondern im Violetten endend. Oder: Farbe nicht ganz feuerrot, sondern ins Weinfarbene abfallend. - Neuerdings Übernahme aus orientalischen Sprachen und volksetymologische Umdeutung mehrfach vermutet und bestritten.

Der moderne und der antike Begriff decken sich im wesentlichen. Amethyst ist kristallischer, violett gefärbter Quarz.

Von purpurfarbigen Steinen ist der indische Amethyst der wertvollste. (Plinius 37, 40)

Zwei Weihrauchschalen,als Stiftungen von Kaiser Karl IV, aus Jaspis und Amethyst,sind durch die Hussitenkriege verloren gegangen. Was die beutegierigen Horden nicht verwüsteten, wurde von Kaiser Sigismund zur Bezahlung der Söldner u. zur Bestreitung der Kriegskosten verwendet.

"Auch der Amethyst ist (Holstein) der Talisman glücklicher Ehe, also ein passendes Geschenk eines Bräutigams an seine Braut am Hochzeitstage.Er ist auch glückbringend für Liebespaare,denen er Treue und Einigkeit im Liebesleben sichert. Das warme Herz,das er gibt, verschafft seinem Träger trotz vornehmer Zurückhaltung Liebe der Umgebung und führt nicht selten zu Wohlstand und Glück.Er macht furchtlos und erhält lange jugendfrisch und gesund. Er wendet Gefahren ab und bewirkt .Wachsamkeit und macht die Hinterlist der Feinde zuschanden. Im Hause schützt er gegen Einbrecher und Diebe. Er stärkt das Gedächtnis,bewahrt vor Halluzinationen,gibt weise Gedanken,fördert bei den dazu veranlagten Personen den Abneigungssinn und gewinnt die Gunst großer Herrn" (Seite 115 ff.)

Mit diesen Beispielen ist bereits ein Schritt zur Deutung der Edelsteine gemacht worden.

Zusammenfassung und Ausblick

Während bei der Namensherkunft und Einschätzung das Etymologische und die äußere Bestimmung wie Aussehen,Farbe,Härte u.a. betrachtet wurde, wird bei der Deutung von dem inneren Wesen, Fähigkeiten, Einflüssen u.a. gesprochen.

Die Frage:Welcher Edelstein ist das?kann zwar exakt durch die Mineralogie beantwortet werden, doch welche Bedeutung (Wert) der Edelstein hat unterliegt ganz anderen Kategorien.

3. Allegorische Deutung

3.1. Zum Verständnis

"Die Kenntnis der Dinge ist Grundlegend für das Verständnis". Augustinus, De doct. christ. II 1624.

Bei Hildegard von Bingen geht es nicht darum den Edelstein selbst zu untersuchen und zu bestimmen, weder ihn als schönen Gegenstand zu betrachten, noch als "Meisterwerk" der Schöpfung anzusehen, sondern ihn als eine Möglichkeit mit Hilfe der Allegorese zu interpretieren.
Dabei greift sie auf platonische, stoische, jüdische, von Philo(-15 bis+ 45/50) und mittelalterliche Methoden zurück,die sich vom Urbild bis zum Abbild ableiten lassen. Doch in einem hebt sich ihre Allegorese von der "weltlichen" bzw. Naturallegorese ab, die sich auf den Wort und Buchstabensinn bezieht, während sie sich auf die heilige Schrift und damit letztlich auf Gott ausrichtet und damit einen "höheren" geistigen Sinn deutet.
Die Naturallegorese geht von generellen Eigenschaften aus und rational vor, die christliche Allegorese hat intuitiven Charakter und "interpretiert" konkrete Merkmale. In beiden Methoden wird nicht nach der Wirklichkeit der Dinge gefragt, sondern symbolisch, als Zeichen für das Bezeichnete geantwortet.Die Merkmale werden nicht willkürlich aufgegriffen,sondern setzen nach Augustinus die Kenntnis der Dinge,als grundlegend für das Verständnis der Bibel voraus. Augustinus, De doct.christ.II 1624. Meier Christel, Gemma Spiritalis, 1977 Teil I, S 33; 89.
Aber gerade darin, im Erkennen der Dinge (Edelsteine) wird eine unüberwindbare Schwierigkeit offenkundig, die sich in den Ausführungen über die Edelsteine bei Hildegard von Bingen, erweisen.
Eine weitere Methode der Allegorese, im sogenannten "Integumentum" soll mit Hilfe der Verhüllung das Verhüllte offenbar gemacht werden, sodass die Wahheit letztlich sichtbar wird und für jeden erkennbar ist.
Aus diesem Vorverständnis heraus wird bereits ersichtlich, wie schwierig es ist, die Interpretation von heutiger Sichtweise, einem Weltverständnis, mit ganz anderen Paradigmen, zu begegnen,in der die Bibel als alleinige Quelle der Wahrheit, die Dinge zu enthüllen vermag und ihren Sinn letztlich zu deuten weiß.
Edelsteine sind nicht mehr Gegenstand theologischer Spekulation oder mystischer Natur- und Gottesverehrung, sondern Objekt naturwissenschaftlicher Forschung. Doch ist die übersinnliche Betrachtungsweise nicht ganz erloschen. So sagt ein "anthroposophisches Edelsteinbuch", dass Rudolf Steiner (1861-1925) die Edelsteine als Sinnesorgane hoher geistiger Wesen gekennzeichnet hat, wodurch diese, die keinen physischen Körper haben, die Möglichkeit gegeben ist, in das irdisch-physische Geschehen hineinzusehen. (Lüschen Hans, Die Namen der Steine,1979² S 73)

Einleitung

Im Buch der Steine von Hildegard von Bingen wird eine Gesamtschau über die Edelsteine vorgenommen. Die bisherigen Erarbeitungen haben ein analysierendes Verfahren angewandt.

Diese außergewöhnliche Vorgehensweise bei Hildegard soll beispielhaft entfaltet werden, sodass nur ein geringer Teil der Literatur berücksichtigt wird. Es werden keine Quellenforschungen zugrundegelegt, sondern ein Einblick aus dem Büchlein von Rosel Termolen, 1997 gegeben. Die Auswahl der Darlegung beginnt mit der allgemeinen Erklärung über die Edelsteine, dann über den "Grundstein"Jaspis, anschließend kommt der Beryll, der Amethyst und Smaragd zu Wort.

Der Text soll für sich selbst sprechen und wird deshalb zitiert, um so einen genauen Einblick über die Edelsteine von Hildegard von Bingen zu gewinnen.

3.2. Allgemeines über Edelsteine bei Hildegard von Bingen

Jeder Stein enthält Hitze und Feuchtigkeit.

Vor den Edelsteinen schreckte der Teufel zurück. Er hasst und verachtet sie, weil er sich daran erinnert, dass sie bereits glänzten, bevor er aus seiner von Gott verliehenen Herrlichkeit herabstürzte und weil sie ferner aus dem Feuer entstehen, in dem er selbst seine Strafe verbüßt. Denn nach dem Willen Gottes wurde er durch das Feuer besiegt und stürzte in das Feuer. So wird er auch durch das Feuer des Heiligen Geistes besiegt, wenn die Menschen durch dessen ersten Anhauch dem Rachen des Teufels entrissen werden.

Im Osten und zwar in den Gegenden, wo die Hitze der Sonne besonders groß ist, entstehen die Edelsteine und Juwelen. Denn die Berge sind in jenen Gegenden aufgrund der Hitze der Sonne heiß wie Feuer. Auch die Flüsse,die dort fließen, brodeln ständig wegen der besonders starken Sonnenglut. Wenn daher die Flüsse dort manchmal über die Ufer treten, anschwellen und an diesen heißen Bergen ansteigen,wenn also die Berge infolge der Sonnenglut brennend heiß sind, dann bilden sie bei der Berührung mit dem Flußwasser an einigen Stellen, wo das Wasser mit dem heißen Gestein in Berührung kommt, eine Art Schaum das heißt, dann dampfen und zischen sie wie ein glühendes Eisen oder ein glühender Stein, wenn man Wasser darübergießt. Dieser Schaum bleibt dort wie eine Klette hängen und erstarrt in drei bis vier Tagen zu Stein. Wenn dann die Überschwemmung zurückgeht und die Wassermassen wieder in ihr Bett zurückkehren, trocknen die Schaumspritzer, die an verschiedenen Stellen in den Bergen dort hängengeblieben sind, infolge der Sonnenglut je nach der unterschiedlichen Tageszeit und Temperatur aus. Darum bekommen sie auch je nach der Temperatur während der Trockenzeit ihre jeweiligen Farben und Eigenschaften. Aufgrund des Trockenvorgangs verhärten sie sich zu Edelsteinen, lösen sie sich wie Schuppen von ihren überaus zahlreichen Entstehungsorten und fallen dann in den Sand. Kommt dann wieder eine Überschwemmung, spülen die Flüsse dort viele dieser Steine aus und tragen sie in andere Gegenden, wo sie schließlich von Menschen gefunden werden. Die erwähnten Berge leuchten wegen der vielen großen Edelsteine, die dort auf diese Weise entstehen, hell wie das Tageslicht. Edelsteine entstehen also aus dem Feuer und dem Wasser. Daher enthalten sie auch Hitze und Feuchtigkeit.Sie besitzen außerdem viel wirksame Kräfte,so dass man mit ihnen sehr viel tun kann,was für den Menschen gut,ehrbar und nützlich ist. Edelsteine taugen aber nicht als Mittel zu Verführung, Unzucht, Ehebruch, Feindschaft, Mord und dergleichen, was lasterhaft und für einen Menschen widernatürlich ist. Denn das Wesen der Edelsteine sucht alles, was ehrbar und nützlich ist,und mißbilligt die Schlechtigkeit und Bosheit der Menschen. So verwerfen auch die Tugenden die Laster und auch die Laster können nicht mit den Tugenden gemeinsame Sache machen.

Es gibt aber auch noch andere Steine. Sie bilden sich nicht auf denselben Bergen und nicht in der geschilderten Weise,sondern sie entstehen aus irgendeinem anderen wertlosen Material. Mit ihnen kann man mit Gottes Einverständnis und entsprechend ihrer jeweiligen Natur sowohl Gutes als auch Böses tun.

Denn Gott hatte den ersten Engel gewissermaßen mit Edelsteinen geschmückt. Luzifer sah sie im Spiegel der Göttlichkeit aufleuchten und empfing davon sein Wissen. Er erkannte an ihnen, dass Gott noch viel Wunderbares erschaffen wollt. Da wurde er hochmütig, weil der Glanz der Steine, der auf ihm lag, in Gott erstrahlte und er bildete sich ein, er könne auch soviel wie Gott oder noch mehr.Deshalb erlosch sein Glanz. Aber so wie Gott den Adam in eine bessere Lage versetzte, so ließ er den Glanz und die Kräfte der Edelsteine nicht vergehen,sondern er wollte, dass sie auf Erden geschätzt und gepriesen würden und als Heilmittel dienten. (Termolen Rosel, Hildegard - Heilkarft der Edelsteine, 1997s Seite 57/58)

3.3. Beispiele einzelner Edelsteine

Der Jaspis

Der Jaspis wächst dann, wenn die Sonne sich nach der neunten Tagesstunde bereits zum Untergehen neigt. Er wird durch das Feuer der Sonne erwärmt, hat jedoch mehr von der Luft als vom Wasser oder vom Feuer. Eine unterschiedliche Färbung hat er deshalb, weil sich die Farbe der Sonne infolge der bereits vorhandenen Bewölkung oft verändert, wenn sie sich nach der neunten Stunde zum Untergehen neigt.

Wenn jemand ein taubes Gehör hat, soll er einen Jaspis an den Mund halten und mit seinem warmen Atem ihn anhauchen, damit er dadurch warm und feucht wird. Dann stecke er ihn gleich ins Ohr, drücke feines Werg auf den Stein und verschließe so sein Ohr, damit die Wärme dieses Steines das Ohr durchdringe.

Dieser Stein wächst unter dem Einfluß frischer Luftbewegung; er löst auch die verschiedenen Krankheiten der Säfte und so wird man auch das Gehör wiedererlangen. Auch wer sehr viel Nasenschleim hat, soll einen Jaspis an den Mund nehmen und mit seinem warmen Atem ihn anhauchen, dass er warm und feucht wird. Sodann soll er ihn in die Nasenlöcher stecken und die Nase mit der Hand zuhalten, damit seine Wärme in den Kopf dringen kann.Um so rascher und leichter lösen sich dann die Säfte im Kopf und dem Kranken wird es bessergehen.

Auch wer im Herzen oder in den Lenden oder in irgendeinem anderen Körperteil es mit einem stürmischen Andrang der Säfte, das heißt der Gicht, zu tun hat, soll einen Jaspis auf die betroffene Stelle legen und ihn drücken, bis er dort warm wird und die Gicht wird nachlassen, weil die wohltuende Wärme und Kraft die kalten Säfte, die sich in unrechter Weise erhitzten, heilt und beruhigt. Und wenn im Traum Blitz und Donner vorkommen, ist es gut, wenn man einen Jaspis bei sich hat, weil die Phantasie- und Trugbilder ihn dann meiden und von ihm lassen. Wenn eine Frau ein Kind gebärt, soll sie von der Stunde an, da sie es zur Welt bringt, an allen Tagen ihres Kindbetts, einen Jaspis in der Hand halten. Um so weniger werden die bösen Luftgeister ihr und dem Kind während dieser Zeit schaden können.Denn die Zunge der alten Schlange streckt sich nach dem Schweiß des Kindes aus, das den Schoß er Mutter verlässt. Deshalb hat sie es dann ebenso auf das Kind wie auf die Mutter abgesehen. Aber auch wenn eine Schlange irgendwo ihren Atem ausstößt, lege dort einen Jaspis hin und ihr Atem wird so schwach werden, dass er nicht mehr so schädlich sein wird und dass die Schlange dort ihren Atem nicht mehr ausstößt.

Der Beryll

Der Beryll ist warm.Er bildet sich jeden Tag zwischen der dritten Tagesstunde und dem Mittag aus dem Schaum des Wassers, wenn die Sonne es kräftig erwärmt. Seine Kraft stammt mehr von der Luft und vom Wasser als vom Feuer; er ist jedoch ein bisschen feurig.

Wenn ein Mensch Gift bereits gegessen oder getrunken hat, schabe er sogleich ein wenig von dem Beryll in Quellwasser oder in ein anderes Wasser und trinke es sogleich. So verfahre er fünf Tage lang und trinke davon einmal am Tag auf nüchternen Magen und er wird das Gift entweder erbrechen und ausspeien, oder es wird durch ihn hindurchgehen und durch den After ausgeschieden werden.

Wer diesen Stein immer bei sich trägt und ihn oft in seiner Hand hält und oft betrachtet, hat nicht leicht mit anderen Menschen Streit und er ist nicht streitsüchtig, sondern bleibt gelassen.

Der Amethyst

Der Amethyst wächst, wenn die Sonne einen Hof hat, als habe sie einen Ring. Das ist dann der Fall, wenn sie irgendeine Veränderung am Gewand des Herrn, nämlich in der Kirche, ankündigt. Wenn er wächst, dann in Massen wie der Kieselstein und deshalb gibt es so viele. Er ist warm und feurig und ein bisschen luftartig, weil zu der Zeit, da die Sonne, wie gesagt, einen Hof hat, die Luft ziemlich lau ist.

Wenn jemand Flecken im Gesicht hat, befeuchte er einen Amethyst mit seinem Speichel und bestreiche mit dem auf diese Weise angefeuchteten Stein die Flecken. Er erhitze auch Wasser am Feuer und halte diesen Stein über dem Wasser, damit sich die Ausdünstung, die aus dem Stein austritt, mit dem Wasser vermischt. Dann lege er den Stein in dieses Wasser und wasche mit dem Wasser sein Gesicht. Dies mache er oft so und wird im Gesicht eine zarte Haut und eine schöne Farbe bekommen.

Wenn jemand aufgrund einer plötzlichen Geschwulst irgendwo an seinem Körper geschwollen ist, befeuchte er diesen Stein mit seinem Speichel und berühre dann mit dem feuchten Stein überall die geschwollene Stelle.Die Schwellung wird zurückgehen und verschwinden.

Wenn eine Spinne jemand am Körper gebissen hat,fahre er mit diesem Stein über die Bissstelle und er wird geheilt werden. Die Schlange und die Viper, das heißt "nater", meiden diesen Stein und vermeiden den Ort, wo sie ihn wissen.

Der Smaragd

Der Smaragd wächst am frühen Morgen und zwar bei Sonnenaufgang, wenn die Sonne kräftig wird und ihre Umlaufbahn beginnt. Zu dieser Zeit ist das grüne Gras auf der Erde besonders frisch, weil dann die Luft noch kühl und die Sonne bereits warm ist. Dann saugen die Pflanzen die Frische so stark in sich auf wie ein Lamm die Milch, so dass die Tageswärme kaum dazu ausreicht, die Frische am Tag zu erwärmen und zu nähren, dass sie befruchtend wirkt und Früchte hervorbringen kann. Der Smaragd ist deshalb ein wirksames Mittel gegen alle Gebrechen und Krankheiten des Menschen, weil die Sonne ihn hervorbringt und seine Materie der frischen Luft entstammt.

Wer also am Herzen,im Magen oder in der Seite Schmerzen hat, trage einen Smaragd bei sich, um seinen Körper damit zu wärmen und es wird ihm besser gehen. Wenn sich aber diese Leiden bei ihm so verschlimmern, dass er sich ihres Ansturms nicht mehr erwehren kann, dann soll er den Smaragd sofort in den Mund nehmen, um ihn mit seinem Speichel zu befeuchten. Den von diesem Stein erwärmten Speichel soll er abwechselnd schlucken und ausspucken und dabei seinen Körper zusammenziehen und dehnen. Die plötzlichen Anfälle jener Krankheit werden ohne Zweifel nachlassen.

Wenn jemand von der Fallsucht überwältigt wird, zu Boden fällt und bewusstlos wird, soll man ihm,wenn er so am Boden liegt,einen Smaragd in den Mund stecken und er wird dann wieder zu sich kommen. Und wenn er wieder aufgestanden ist, soll er den Stein aus dem Mund nehmen, ihn aufmerksam betrachten und sprechen: "Wie der Geist des Herrn den Erdkreis erfüllt hat, so erfülle er auch das Haus meines Körpers mit seiner Gnade, damit es nie mehr erschüttert werden kann!" So soll es der Kranke an neun aufeinanderfolgenden Tagen jeweils morgens machen und er wird geheilt werden. Diesen Stein soll er beständig bei sich tragen, ihn an jedem Morgen anschauen und während er ihn betrachtet, die besagten Worte sprechen. Dann kann er geheilt werden.

Wer an heftigen Kopfschmerzen leidet, soll den Stein in den Mund halten und ihn mit seinem Atem erwärmen,so dass er dadurch feucht wird. Mit dem feuchten Stein reibe er dann seine Schläfen und seine Stirn. Dann nehme er den Stein in den Mund und behalte ihn eine knappe Stunde im Mund und es wird ihm bessergehen. Wer ferner sehr viel Schleim und Speichel in sich hat, erwärme guten Wein, lege dann ein Leintuch über das Gefäß und den Smaragd auf das Tuch. Dann gieße er den warmen Wein über den Stein, so dass er durch das Tuch rinnt...

4. Vorwissenschaftliche Einordnungen

Der Naturforscher Linné hat 1735 als erster eine systematische Einteilung der Naturbereiche bei Steinen, Pflanzen und Tieren unternommen. Doch seine Mineralogie blieb ohne Erfolg, denn immer neue Erkenntnisse stellten sich ein, sodass sein Buch überholt war.
Erst Abraham Gottlob Werner (1749-1817) wirkte durch sein lebendiges Wort und leitete zur Unterscheidung der Mineralien ohne chemische Analyse, mit den fünf Sinnen, festzustellende Kennzeichen ein. Dabei seien folgende Gesichtspunkte zu beachten:Farbe, Glanz, Durchsichtigkeit(innen und außen), die Form der Kristalle, die Form der Bruchstücke, Härte, Festigkeit(oder Zerreiblichkeit),das Abfärben, die Starrheit oder Biegsamkeit, das Anhängen an der Zunge, Kälte oder Wärme beim Anfassen, Geschmack, Geruch und Klang, das spezifische Gewicht (soll ohne Apparate bestimmt werden).Ähnlich wie Johann Wolfgang Goethe,der Brillen, Fernrohre und Mikroskope als dem Menschen nicht gemäß empfand.
(Lüschen Hans, Die Namen der Steine, 1979² S 107 ff.)
Im Jahre 1817 umfasste das System 317 Gattungen und zwar nur Mineralien, nicht mehr Versteinerungen, Gesteine und tierische Eingeweidesteine die noch von vielen Mineralogen des 18.Jahrhunderts genannt wurden.
Er benannte die meisten Mineralien nach sinnlichen Kennzeichen: den Zianit nach der zyanenartigen, den Cölestin nach der himmelblauen, den Leuzit nach der weißen, den Olivin nach der olivgrünen Farbe. Eine andere Gruppe nach den Fundorten: den Vesuvian, den Arragon, und die nach Personen bezeichneten: Prehnit, Witherit, Vivianit. In all diesen Punkten ist Werners Namensgebung beispielhaft für die Folgezeit. Sehr stark geprägt sind die "bergmännischen" Bezeichnungen der Steine wie Glanz und Kies, mit Glaserz und Rotgültig, mit Blende und Kobold, Quarz und Misspickel, Röschgewächs und Gänsekönig.
1) Antike Namen wurden in ununterbrochener Tradition, wenn auch nicht ohne Bedeutungswandel, weitergeführt: Topas, Beril.
2) Vakanten antiken Namen wird eine neue "Bedeutung" gegeben: Chlorit, Augit.
3) Aus griechischem Sprachmaterial werden neue Namen gebildet: Leuzit, Apatit.
4) Ebenso aus lateinischem Sprachmaterial: Cölestin, Olivin.
5) Moderne Wörter werden oberflächlich latinisiert: Egeran, oder gräzisiert: Prehnit.

5. System der Mineralien und Edelsteine

Während Werners Mineralbeschreibungen keine Formeln und nur wenige Zahlenwerte enthalten, ist die moderne Nomenklatur wie von Formeln zusammengestellt.
Der Mineraloge Friedrich Mohs (1773-1839) führte die Mineralklassifikation ein und entwickelte 1812 die nach ihm benannte Härteskala von 1 - 10, zur Bestimmung von Mineralien. (Schumann Walter, Edelsteine, 1995, S 19)
Mohs erstellte aus 10 verschiedenen Mineralien eine Vergleichsskala. Edelsteine der Ritzhärte 1 und 2 gelten als weich, jene der Grade 3-5 als mittelhart,und die über 6 werden als hart bezeichnet.Früher sprach man bei den Stufen 8 - 10 auch von Edelsteinhärte. Heute wird das abgelehnt, denn es gibt wertvolle Edel- und Schmucksteine, die diese hohen Mohshärtewerte nicht besitzen. Die Edelsteine der Moshärte unter 7 sind durch den allgegenwärtigen Staub, der stets auch kleine Quarzkörner (mit der Härte 7) enthält, in ihrem "Glanz" und der "Politur"gefährdet. Zudem forderte er nicht eine lateinische, sondern deutsche Nomenklatur und zwar in der Weise, dass die Ordnung, das Geschlecht und die Spezies bei jeder Benennung erscheinen. Die amorphen Mineralien lehnte er als unangebrachte Vermischung ab. Doch damit geriet er in schärfsten Gegensatz zu Chemikern.

Härteskalen der Mineralien und Edelsteine

Mohshärte	Vergleichs-mineral	Einfache Härteprüfmittel	Schleifhärte
1	Talk	Mit Fingernagel schabbar	0,03
2	Gipsspat	Mit Fingernagel ritzbar	1,25
3	Calcit	Mit Kupfermünze ritzbar	4,5
4	Fluorit	Mit Messer leicht ritzbar	5,0
5	Apatit	Mit Messer noch ritzbar	6,5
6	Orthoklas	Mit Stahlfeile ritzbar	37
7	Quarz	Ritzt Fensterglas	120
8	Topas		175
9	Korund		1000
10	Diamant		140000

6. Wissenschaftliche Bestimmung der Edelsteine

Man bedenkt niemals genug, dass eine Sprache eigentlich nur symbolisch,nur bildlich sei und die Gegenstände niemals unmittelbar,sondern nur im Widerscheine ausdrücke. (1810. Goethe Johann Wolfgang, Farbenlehre I 751)

Walter Schumann(Edelsteine und Schmuckstein, 1995)hat die Eigenschaften der Edelsteine nach 1Härte 2Dichte 3Optische Eigenschaften (Farbe, Strichfarbe, Lichtbrechung, Absorptionsspektren, Transparenz, Luminiszenz und Einschlüsse) eingeteilt.

Nur zwei Bereiche sollen daraus erwähnt und dargestellt werden: Die 1Härte und die 3Lichtbrechung mit den Absorptionsspektren.

Im Unterschied zur Mohshärte wird die Mikrohärte (nach Vickers) gezeigt:

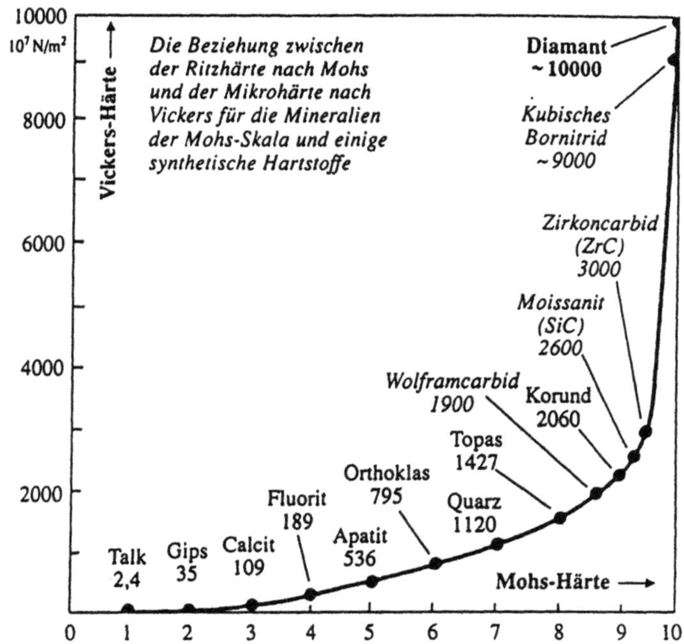

Die 3Lichtbrechung mit den Absorptionsspektren:

Absorptionsspektren ausgewählter Edelsteine

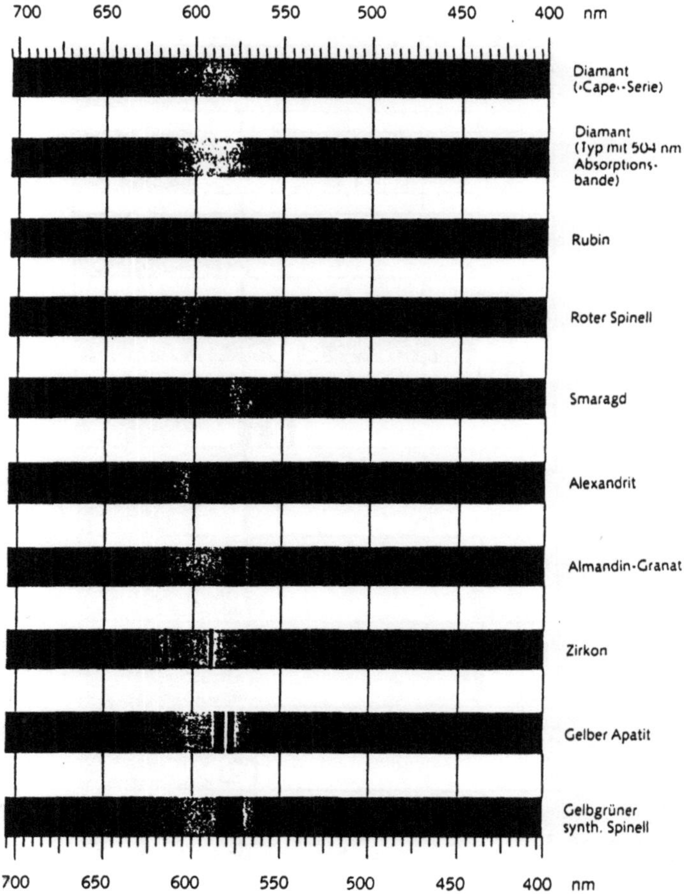

Aus »Gemmologist's Compendium« von R. Webster, Verlag Butterworths & Co. Ltd., London. Entnommen: »Edelsteinkundliches Handbuch« von Prof. Dr. Chudoba und Dr. Gübelin. Stollfuß Verlag, Bonn, 1974. (Leicht verändert).

Absorptionsspektren von Edelsteinen und synthetischen Steinen *)

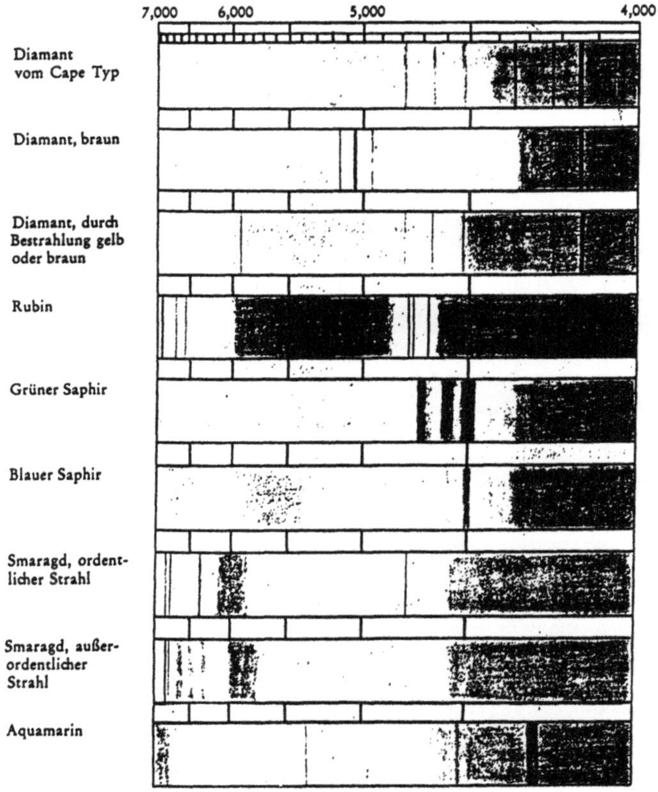

*) Aus „Gems" von Robert Webster und mit freundlicher Genehmigung des Verfassers und des Verlages Butterworth & Co., London. Beiden wird auch an dieser Stelle bestens gedankt.

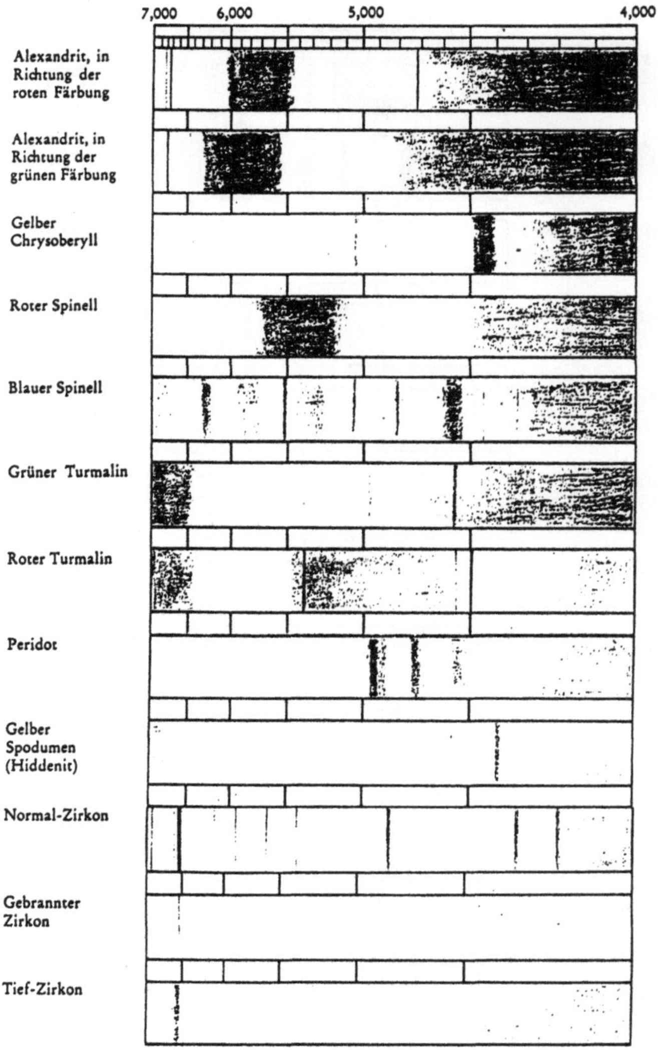
7,000
6,000
5,000
4,000
Alexandrit, in Richtung der roten Färbung
Alexandrit, in Richtung der grünen Färbung
Gelber Chrysoberyll
Roter Spinell
Blauer Spinell
Grüner Turmalin
Roter Turmalin
Peridot
Gelber Spodumen (Hiddenit)
Normal-Zirkon
Gebrannter Zirkon
Tief-Zirkon

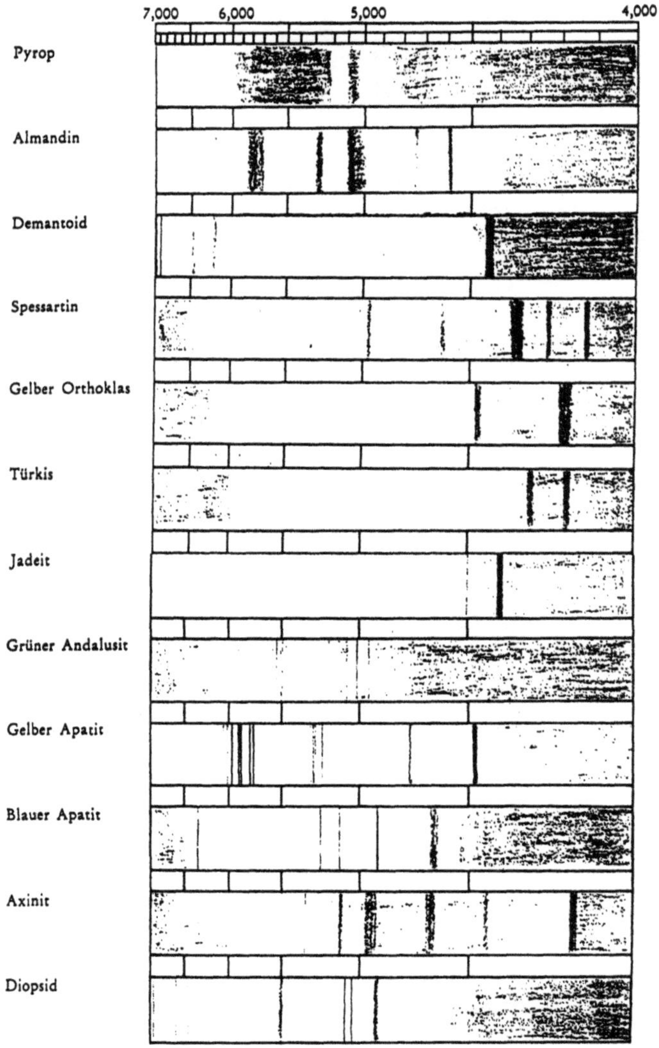
7,000
6,000
5,000
4,000
Pyrop
Almandin
Demantoid
Spessartin
Gelber Orthoklas
Türkis
Jadeit
Grüner Andalusit
Gelber Apatit
Blauer Apatit
Axinit
Diopsid

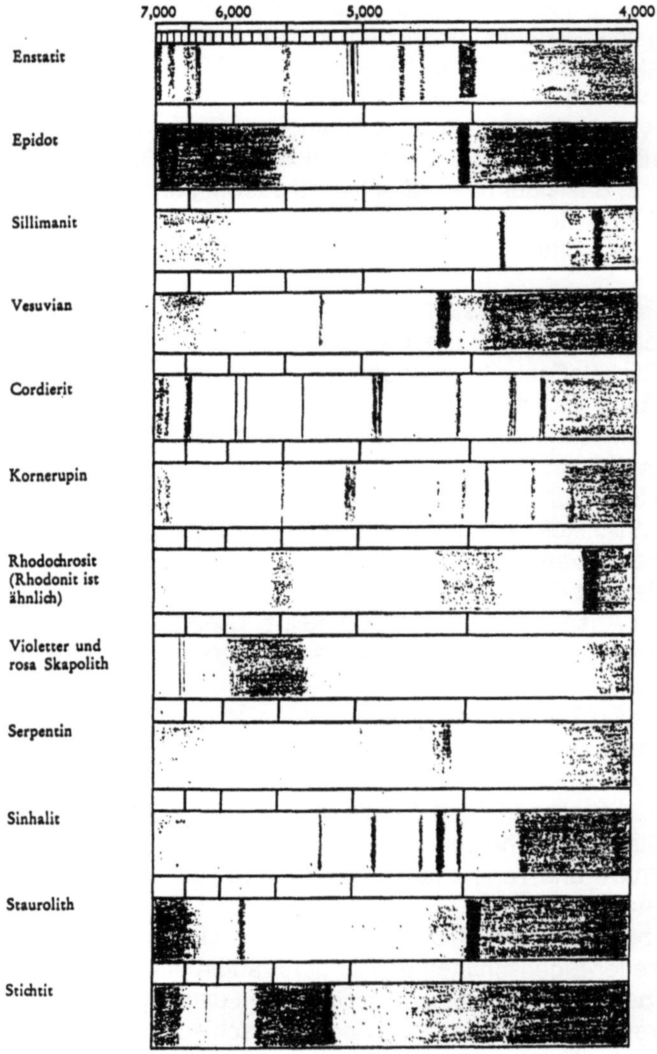
7,000
6,000
5,000
4,000
Enstatit
Epidot
Sillimanit
Vesuvian
Cordierit
Kornerupin
Rhodochrosit (Rhodonit ist ähnlich)
Violetter und rosa Skapolith
Serpentin
Sinhalit
Staurolith
Stichtit

6.1. Beispiele der Edelsteine

6.1.1. Diamant - Typen (extraLapis, No.18, 2000)

Stickstoff und Bor rufen unterschiedliche Eigenschaften hervor. Daraus ergibt sich die folgende physikalische Gliederung: Diamant besteht aus reinem Kohlenstoff. Geringe Gehalte an Stickstoff können als Einzelatome Gitterplätze des Kohlenstoffs einnehmen oder in Form von "Platelets" (Plättchen) aggiert sein, die parallel zur Würfelfläche stehen;diese können eine Länge von 200-1000 nm(Nanometer) und eine Dicke von 2-9 Atomlagen haben.
Diese "Verunreinigung" führt unter anderem zu unterschiedlichem Absorptionsverhalten im UV-Licht, im sichtbaren und im Infrarot-Licht (IR) und ist die Basis der physikalischen Gliederung der Diamanten.Von anderen Elementen, die ebenfalls in die Struktur eingebaut sein können, hat Bor die größte Bedeutung.

Typ I-Diamant -stickstoffreich-
IR-Absorption von 6-13 µm, UV-Absorption über 225 nm.
Hohe Stickstoffgehalte verursachen häufig auftretende Gelbfärbung.
Typ Ia Rund 97% aller Naturdiamanten
Enthält zwischen 200 - 2400 ppm (pars per million) Stickstoff überwiegend als Platelets.
Typ Ib Nur 1% aller Naturdiamanten, fast 100% aller synthetischen Diamanten.Stickstoff ersetzt Kohlenstoff als Einzelatome auf entsprechenden Gitterplätzen in einer Konzentration von 40 - 100 ppm.
TypII-Diamant -stickstoffarm-
Keine IR-Absorption von 6 -13 µm, keine UV-Absorption von 225 nm. Treten meist als braune Bruchstücke auf,selten als Kristalle. Vergleichweise hohe Doppelbrechung.
Typ IIa Rund 2% aller natürlichen Diamanten
Enthält atomar verteilt nur 8 - 24 ppm Stickstoff. Gegenüber Typ I-Diamant etwa doppelte Wärmeleitfähigkeit. Zeigt häufig Merkmale plastischer Deformation in Form paralleler Linien und Rippen, diese Störung ruft Braunfärbung hervor. Neuerdings ist es gelungen, diese Färbung durch Druck- und Temperaturbehandlung zu beseitigen.
Typ IIb Äußerst selten
Enthält bis zu 24 ppm Stickstoff. Spuren von nur 0,25 ppm Bor führen zu Halbleiter-Eigenschaften und zu der Blaufärbung dieses Typs.
Mischtypen und Schichtbau: Zwischen Typ I und Typ II gibt es fließende Übergänge und Mischtypen. Sogar verschiedene Schichten eines Diamantkristalls können unterschiedliche physikalische Eigenschaften und Farben aufweisen.

6.1.2. Korund (extraLapis No 15, 1998)

Zusammensetzung

Aluminiumoxid (Al_2O_3), das einige Gewichts-% "Verunreinigung" enthalten kann, vor allem Eisen und Chrom. Diese beeinflussen die physikalischen Eigenschaften nur wenig, spielen aber für die Farben eine Schlüsselrolle bei den Edelsteinvarietäten Rubin(rot durch Chrom) und Saphir (blau durch Eisen und Titan).

Struktur

Kompakte Strukturen mit einer hexagonal dichtesten Kugelpackung der Sauerstoffatome und den Kationen (Al,Cr,Fe) in Oktaederlücken.

Kristallsystem trigonal-skalenoedrisch

Kristalle sehr verbreitet. Oft Kombinationen wichtigster Grundformen Prisma, unterschiedliche Dipyramiden, Rhomboeder und Basispinakoid.

Habitus tafelig, tönnenförmig, rhomboedrisch, prismatisch.

Zwillinge makroskopisch nach dem Rhomboeder (oft in Sri Lanke); häufig "polysynthetisch" durch Einschaltungen dünner Korundlamellen.

Agregate derb, spätig, blättrig, körnig, dicht.

Härte 9, Referenzmineral für die Härte 9 nach Mohs.

Teilbarkeit typisch nach dem Rhomboeder, durch Entmischung und Abscheidung winziger Mineralpartikel(vor allem Böhmit) von Rhomboederflächen.

Bruch muschelig bis splitterig.

Glanz = Glasglanz.

Dichte 3,97 - 4,06 g/cm³ (reiner Korund 3,986)

Einschlüsse äußerst variantenreich.Die Einschlußtypen(feste Einschlüsse, Fluideinschlüsse, Wachstumsstrukturen ect.) spiegeln das jeweilige Bildungsmilieu wider und stellen teilweise auch fundpunktspezifische Merkmale dar.

Phänomene Sternsteine:6-strahlig durch orientiert eingelagerten Rutil u.a.

Farben als Musterbeispiel für ein allochromatisches Mineral: reines Al_2O_3 ist farblos; Beimengungen von Chrom,Eisen,Titan,Vanadium etc.bringen ein fast vollständiges Farbenspektrum hervor.

Strichfarbe weiß.

Fluorenszenz intensiv rot durch Chrom; auch in blauen oder gelblichen Steinen.

Lichtbrechung sehr konstant. Standard: n_e = 1,762, n_o = 1,770

Die Lichtbrechungswerte steigen mit zunehmenden Fe und Cr-Gehalten.

Doppelbrechung -0,008.

Pleochroismus stark.

Dispersion vergleichweise niedrig (0,018 für B-G-Bereich)

6.1.3. Smaragd (extraLapis No.21, 2001)

Zusammensetzung

Smaragd hat als Varietät des Minerals Beryll die chemische Formel $Al_2Be_3[Si_6O_{18}]$. Er weist bis zu einigen Gewichstsprozent Fremdelemente auf, die die physikalischen Eigenschaften beeinflussen. Für die Smaragdfarbe verantwortlich sind vor allem Chrom,Vanadium und Eisen (bei Synthesen auch Nickel).

Struktur

Beryllstruktur:Ringsilikat mit Hohlkanälen durch vertikal übereinander geordnete Sechserringe$[Si_6O_{18}]$;in ihnen können Fremdelemente und sogar Moleküle festgehalten werden.

Gitterkonstanten

$a_0 = 9{,}21$, $c_0 = 9{,}17$: die Elementarzelle enthält zwei Formeleinheiten.
d-Werte: 8,1/100, 4,7/60, 4,07/60, 3,33/80, 3,07/60, 2,92/80, 2,02/60 1,76/60, 1,64/60, 1,53/60, 1,44/60, ausgewählte d-Werte von ICPDS 2 - 79 (Smaragd aus Sibirien)

Kristallklasse Dihexagonal-dipyramidal, $D6_h$ - 6/mmm.

Kristalle häufig. 6-seitige (in Kolumbien öfter auch 12-seitige) Prismen, an den Kopfflächen mit Basis; seltener flächenreicher ausgebildet. Habitus kurz- bis langprismatisch. Kristalle ein- und aufgewachsen. Aggregatformen Einkristalle,manchmal zu radialstrahligen verwachsen; auch derb. Härte 7 1/2 - 8, bei einschlussreichen Kristallen vermindert. Spaltbarkeit nach der Basis, wenig deutlich ausgeprägt.

Bruch muschelig bis splittrig.

Glasglanz; bei eingewachsenen Kristallen erscheinen die Flächen rauh.

Dichte 2,63 - 2,80 g/cm³ für Smaragd.

Einschlüsse äußerst variantenreiche Einschlussbilder je nach Bildungsgeschichte; teilweise fundpunktspezifische Merkmale.

Phänomene Trapische Smaragde (bisher nur in Kolumbien bekannt). Katzenaugen durch Scharen paralleler Hohlkanäle längs der c-Achse; selten. Äußerst selten 6-zählige Sternsteine.

Farben "Smaragdgrün", bläulichgrün bis gelblichgrün (reiner Beryll ist farblos); Kristalle durchsichtig bis durchscheinend und opak.

Strichfarbe weiß, bei extrem einschlussreichen Kristallen auch getönt.

Fluoreszenz unterschiedlich stark, rosa bis rote durch Chrom; bei Smaragden mit höheren Eisengehalten nur äußerst schwach.

Lichtbrechung $n_e = 1{,}560 - 1{,}592$, $n_o = 1{,}566 - 1{,}602$.

Doppelbrechung $\Delta n = 0{,}004 - 0{,}010$ (also vergleichsweise niedrig)

Pleochroismus senkrecht c: gelblich grün, parallel c: bläulich grün bis blaugrün, bei hoher Aquamarin-(Eisen-) Komponente auch blau.

Dispersion 0,0090 - 0,0100.

Prächtiges Mineral, lebhafter Edelstein:

6.1.4. Topas (extraLapis No.13, 1997)

Topas

Zusammensetzung und Eigenschaften

Systematiknummer	VIII/B.2-70 im Lapis-Mineralienverzeichnis
Zusammensetzung	$Al_2[(F,OH)_2|SiO_4]$ – also ein Aluminium-Fluor-Silikat mit wechselnden Hydroxyl- und Fluor-Gehalten: Man unterscheidet „Hydroxyl-Topase" und „Fluor-Topase". Das F/OH-Verhältnis beeinflußt viele Eigenschaften.
Struktur	$[SiO_4]$-Tetraeder und $[AlO_4F_2]$-Oktaeder
Kristallsystem	reiner Fluor-Topas ist orthorhombisch; bei OH-Einbau kann die Symmetrie erniedrigt sein und triklinen Charakter annehmen.
Kristalle	von zahlreichen Fundstellen bekannt, oft flächenreich (über 140 Formen); Habitus meistens prismatisch.
Aggregate	derb bis dicht, spätig oder stengelig (Pyknit, → Seite 87)
Härte	8 (Referenzmineral der Härte 8 in der Mohs'schen Härteskala)
Spaltbarkeit	vollkommen nach der Basis (001), oft durch Spaltrisse angedeutet
Bruch	muschelig bis uneben
Glanz	Glasglanz
Dichte	3.5 - 3.6 (wie Diamant), mit dem F-Gehalt zunehmend
Wärmeleitfähigkeit	niedrig, für ein Silikat jedoch vergleichsweise hoch
Einschlüsse	Ein- und Mehrphasen-Einschlüsse, manchmal fundortspezifisch; → Seite 22.
Phänomene	selten werden Katzenaugen-Steine gefunden; Sternsteine sind unbekannt.
Farben	breites Farbspektrum: von Farblos über Rosa, Rot, Gelb, Braun, Zartgrün, Blau bis Blauviolett; allochromatisch; intensive Farben können bei Tageslicht manchmal ausbleichen.
Farbveränderung	durch Bestrahlen und/oder Brennen möglich; → Seite 18.
Strichfarbe	weiß
Fluoreszenz (im UV-Licht)	selten; manchmal gelb bis grün im lang- und kurzwelligen Bereich; Kristalle mit hohem OH-Anteil können bei langwelligem UV kräftig orange oder bei kurzwelligem UV weiße Fluoreszenz zeigen.
Lichtbrechung	1.60 - 1.64, mit dem F-Gehalt zunehmend
Doppelbrechung	0.008 - 0.012, mit dem F-Gehalt zunehmend
Pleochroismus	zitronengelb-honiggelb-strohgelb (deutlich), hellblau-blaßrosa-farblos (schwach), rot-honiggelb-rosenrot (stark) u. a. (Eppler, 1973)
Dispersion	B-G = 0.0128 – 0.014

Topas im Überblick

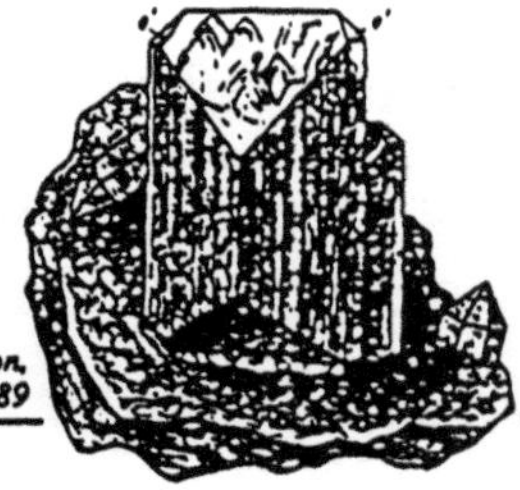

Adun-Tschilon, Baumhauer 1889

6.1.4. Topas (extraLapis No.13, 1997)

Optische Daten, Dichte und Fundstellen

Brechungsindizes, Doppelbrechung und Dichtewerte auf unterschiedlichen Lagerstättentypen.

Farbe	Vorkommen	Brechungsindizes	Doppelbr.	Dichte
farblos-blau		$n = 1.61$ und 1.62	0.010	~ 3.56
		$n = 1.609$ und 1.617	0.008	
farblos	pegmatitisch	$n_x = 1.608$; $n_y = 1.611$; $n_z = 1.617$	0.009	
farblos	Thomas Range	$n_x = 1.608$; $n_z = 1.618$	0.010	
sherryfarben	Thomas Range	$n_x = 1.607$; $n_z = 1.617$	0.010	3.56
gelb	Honeycomb	$n_x = 1.610$; $n_z = 1.622$	0.012	
farblos/blaßgelb		$n = 1.630$ und 1.640		
weingelb	Bias, Minas G.	$n_x = 1.616$; $n_z = 1.626$	0.010	3.55
weingelb	Schneckenstein	$n_x = 1.618$; $n_z = 1.628$	0.010	3.54
pink (hitzebeh.)	Ouro Preto	$n = 1.63$ und 1.64	0.008	3.53
orange	Ouro Preto	$n_x = 1.629$; $n_z = 1.637$	0.008	3.52
violett	Ouro Preto	$n_x = 1.634$; $n_y = 1.637$; $n_z = 1.644$	0.010	
rosa/rosenrot	Katlang	$n_x = 1.632$; $n_y = 1.636$; $n_z = 1.641$	0.009	
		$n_x = 1.632$; $n_y = 1.638$; $n_z = 1.643$	0.011	
		$n_x = 1.632$; $n_y = 1.633$; $n_z = 1.641$	0.009	
		$n_x = 1.629 - 1.631$;	0.009	
		$n_y = 1.631 - 1.634$;	bis	
		$n_z = 1.638 - 1.642$	0.011	

(eigene und Literatur-Daten, u.a. Z. Dt. Gemmol. Ges. 46/2, 1997)

Verwechslungsmöglichkeiten

Vergleich der wichtigsten Daten von Topas und verwechselbaren Mineralen (nach Eppler, 1984)

	Härte	Dichte	Mitt. Brech.ind.	Doppelbrechung
Topas	8	3.53	1.63	0.008
Zirkon	7½	4.69	1.95	0.059
Korund	9	3.99	1.76	0.008
Chrysoberyll	8½	3.72	1.74	0.008
Apatit	5	3.20	1.64	0.002
Turmalin	7	3.10	1.63	0.018
Danburit	7	3.00	1.63	0.006
Beryll	7½	2.68	1.57	0.006
Citrin	7	2.65	1.55	0.009
Orthoklas	6	2.56	1.53	0.005

Der "Gemmologe" D.B. Hoover schreibt im Jahre 1992: "Immer wenn man beginnt, sich mit der Geschichte der Edelsteine zu befassen, wird einem klar, wie wenig darüber eigentlich bekannt ist. Es stehen nur wenige, verlässliche Quellen zur Verfügung:Die Texte sind oft nur in unterschiedlichen Abschriften oder Übersetzungen zu haben, voll von Fehlern und Interpretationen. Auch ist es nahezu aussichtslos, historische Edelsteinnamen mit heutigen Mineralen in Verbindung zu bringen. Die Benennungskriterien sind zu unterschiedlich.
Nur eines ist ganz sicher: Mit "Topas" wurde in der Antike nicht unser Topas bezeichnet. Man kann es schon an der Farbe erkennen. Im Laufe der Zeit "wechselte" seine Farbe von Grün zu Gelb.
In ethymologischen Wörterbüchern erfährt man, dass Topas vom Mittellateinischen topazius stammt,das aus dem lateinischen Wort *topazus* und davor aus dem griechischen τοπαζιον abgeleitet ist.
Im ältesten bekanntenText über Steine,dem Steinbuch desTheophrastos von Eresos (372-287 v.Chr.), taucht das Wort nicht auf; allerdings ist das Buch nicht vollständig erhalten. Von Cornelius Alexander Polyhistor(1.Jahrh. v.Chr.)aber erfahren wir von einer Insel namens Topazios; er berichtet, dass man dort Steine in der Farbe von frischem Öl findet. Gemeint ist die Insel Zabarjad(dt. Seberget, engl. auch St. John Island) Im Roten Meer, wo Olivin vorkommt. Zabarjad heißt auf Arabisch Olivin.
Es gibt in der Antike für Topas auch die Farbe Gelb. Agatharchides schreibt um 130 v.Chr. "Im Roten Meer liegt die sogenannte Schlangeninsel; auf dieser findet sich ein durchsichtiger, glasartiger Stein von lieblicher Goldfarbe.Die Einwohner sammeln ihn auf königlichen Befehl".
Frederik Kunz(1913)fand heraus,dass Topas,der zweite Stein im Brustschild des Hohen Priesters, im Alt -Hebräischen *pitdah* heißt. Er vergleicht das Wort mit dem alten Sanskritwort *pita* für gelb und überlegt ob damit der Topas als gelber Stein bezeichnet wurde. Ein weiteres Sanskritwort könnte Pate für"Topas"gestanden haben: *tapas* für Glut oder Hitze, was auch auf Gelb hinweist. Gelb in den unterschiedlichsten Tönungen ist nun auch die "klassische" Topasfarbe. Grün oder Gelb, Olivin (Chrysolith) oder unser heutiger Topas:Beides kommt in der antiken Literatur vor -aber auf der Insel Topazios ist nie Topas gefunden worden, sondern Olivin!" (extraLapis, No.13,1997, S 6)

6.2. Faszination der Edelsteine

6.2.1. Über Einschlüsse und Farben

Bereits Plinius (23-79) zog in "historia naturalis" bestimmte Einschlüsse in Edelsteinen zur Echtheitsdiagnose heran. (Müllenmeister Hans Jörg, Faszination Edelstein, 1990, S.12)

Erst im 19. Jahrhundert beobachtet und interpretierte der Kristall- Optiker Sir D. Brewster ein seltsames Phänomen in einem Edelstein - einen Flüssigkeitseinschluß mit einer "Gas-Libelle"-.

Den Lichtbrechungsindex konnte er mit dem Refraktometer messen. Der Diamant als König der Edelsteine ist der einzige minerale Geheimnisträger des oberen Erdmantels. Entstanden bei 1100°C unter 6,5 Milliarden Pascal Druck, Erdtiefe bis zu 200 km. Vor 90 Millionen Jahren an die Erdoberfläche transportiert. Sein Alter beträgt ca. 3.3 Milliarden Jahre.Chemisch gesehen ist der Diamant eine bestimmte Kohlenstoff-Kristallisation, die sich in Sauerstoff bei 720°C gänzlich zu alltäglichem Kohlendioxyd verflüchtigt.

Die ersten Diamanten tauchten vor mehr als 2500 Jahren in Indien auf. Erst um 1330 wurde entdeckt, dass der Diamant nur mit Hilfe seines eigenen Staubes zu schleifen ist. Der Hope-Diamant verdankt seine Blaufärbung einer winzigen "chemischen Verunreinigung" durch das Spurenelement Bor. Die Grünfärbung des Dresdener-Diamant geht dagegen von Fehlstellen aus, also von nichtbesetzten Gitterplätzen im Kohlenstoffatom. Auch artfremde atomare Bausteine können andere Farben bewirken, so kommen auf eine Million diamanteigene C-Atome nur etwa 20 Stickstoff-Atome und verleihen dem Diamanten eine gelbe Farbtönung. Der sogenannte Sternrubin zeigt einen Sterneffekt, der im Inneren des Steins durch Lichtbeugung an der faserigen Struktur von Titanoxid-Nadeln entsteht.

Rubine und Saphire sind von gleicher Grundsubstanz: 53% Aluminium und 47% Sauerstoff (Al_2O_3) aber140 mal weicher als der Diamant, dennoch die zweithärtesten Mineralien die vorkommen. Synthetische Rubine können durch eine Spurenelement-Analyse (etwa Gallium) entlarvt werden durch "Absorptionsspektoskopie" oder die "Neutronenaktivierungsanalyse". Außerdem verraten sich künstliche Edelsteine durch ihre innere Wachstumsstruktur. Vielfach wird versucht, wertmindernde, trockene Bruchrisse im Smaragd durch Öle zu verschleiern. Im ultravioletten Licht wird diese Behandlung nachweisbar,denn die in die Risse eingedrungene organische Substanz Öl leuchtet auf.

Seit Menschengedenken faszinieren Edelsteine durch ihren Glanz, ihre Farbenpracht, Seltenheit und Unvergänglichkeit. Die vorzüglichen Eigenschaften wie die hohe Lichtbrechung, der starke Glanz und die große Härte bestimmen dabei entscheidend die Wertschätzung.
Der Diamant stellt eindeutig den höchsten Wert auf kleinstem Raum. Bemerkenswert ist die Tatsache, dass es ein "Meer"an Diamanten gibt. Weltjahresproduktion etwa 90 Millionen Karat, dagegen nur eine kleine "Lache" an Farbsteinen.

6.2.2. Geheimnisvolle Welt des Mikrokosmos
Die ganze Schönheit eines Edelsteines erschließt sich aber erst bei einer mikroskopischen Betrachtung.
Festkörper-Einschlüsse in natürlichen Edelsteinen sind keine Fehler, sondern Geburtsurkunden und Echtheitsmerkmale zugleich - unnachahmbar für den Synthesehersteller.
Das "Innenleben" des Smaragd ist durch Einschlüsse geprägt, gleicht unter dem Mikroskop einem bizarren Zaubergarten, einem wogenden Algenkranz, einem lichten Bambushain oder einem stillen Bergsee. Diesen ästhetischen Eindruck bezeichnet man als "Jadin", einen sehr gepflegten Garten.
So zeigt jeder Edelstein seine persönliche Note, waraus sein Standort bestimmt werden kann.
Selbst wie ein Spiegelbild des Makrokosmos, ein Andromedanebel, kann die innere Entfaltung sich als Kometenhimmel darstellen.
Auch Zugaben von Stoffen im allergeringsten Mengen können die Farben der Edelsteine bestimmen. Zweiwertiges Eisen bewirkt bei Edelsteinen Indigoblau. Zugabe von Chrom und Vanadium färben den Kristall grün. Mangan vermag rote Farbe zu geben. Spuren von Eisen haben schwarze Farben hervorgebracht.
Verschiedenes Licht kann mitbestimmend sein welche Farbe der Edelstein annimmt. Bei Tageslicht ist der Alexandrit grün und bei Kerzenlicht oder abends strahlt er rot bis ins violett. Andere Kristalle, ähnlich farbwechselnder Art sind Chamäleons unter den Edelsteinen genannt worden.
Die Fluoreszenz, abgeleitet vom Mineral Fluorit, weil man darin zuerst das Nachleuchten erkannte, sind als Störfaktoren (Verunreinigungen oder Baufehler) im Kristallgitter anzusehen. Wenn aber die Substanz über das Ende der Bestrahlung nachleuchtet, wird von Phosphoreszenz, benannt nach dem Leuchten von Phosphor, gesprochen.

(Schumann Walter, "Edelsteine und Schmucksteine", 1995; (Müllenmeister Hans Jörg, Faszination Edelstein, 1990)

6.2.3. Beobachtung und Bestimmung der Edelsteine

Wie in der Astrophysik und bei der Kernforschung sind bestimmte Instrumente nötig, verbunden mit Komputer u.a., um die Beobachtung zu gewährleisten, was das bloße Auge nicht mehr wahrzunehmen vermag. So kann ein "gemmologisches Gerät" erst exakten Aufschluß über die Edelsteine geben.

Dazu zählen das Mikroskop zum unentbehrlichen Instrument den Edelstein zu untersuchen und zu bestimmen. Durch eine Immersionsflüssigkeit mit gleichem Licht-Brechungs-Index kann man ungehindert in das Innere des Steines hineinblicken.

Die in den drei Raumebenen beweglichen Krallenpinzette umfasst den zu untersuchenden Edelstein. Die Küvette, ein würfelförmiger Glasbehälter,ist mit einer Immersionsflüssigkeit gefüllt,in die der Edelstein getaucht ist,dadurch werden störende Lichtbrechungen und Reflexion an den Facetten des durchsichtigen Steines vermieden.

Mit dem Spektroskop entstehen Absorptionslinien. Dadurch kann man den Stein an seinen Absorptionslinien bestimmen.

Der Edelstein wird zwischen Lichtquelle und Eintrittsspalte des Spektroskop gebracht. Im Absorptionsspektrum erscheinen die für Edelsteine charakteristischen dunklen Linien und/oder Banden. Diese Absorptionslinien entstehen, wenn das Licht eine Wechselwirkung mit den Materieteilchen eingeht. Wird dem Licht ein Wellenlängenbereich entzogen, dann befinden sich die Atome eines Moleküls in Resonanz und zwar mit der Schwingungsenergie (mit den Frequenzanteilchen), die dem absorbierten Licht dann fehlen.

Das Polariskop stell fest, wie ein Edelstein das einfallende Licht bricht (entweder einfach oder doppelt).Dabei betrachtet man im polarisierten (gerichteten) Licht den Edelstein zwischen zwei "gekreuzten" Polarisationsfiltern über einer Lichtquelle. Das optische Verhalten lässt sich feststellen, wenn der zu prüfende Stein um seine Achse gedreht wird.

Ein Refraktometer ermöglicht die numerische Messung der Lichtbrechung und das Feststellen der maximalen Doppelbrechung.

Da unser Auge über keine Polarisationseinrichtung verfügt, liegt auf dem Okular als Analysator ein drehbares Polarisationsfilter. Ein feiner Tropfen (Anderson-Flüssigkeit) zwischen die gläserne Auflagefläche des Refraktometers und die Facette des zu messenden Steines gebracht, gibt den "optischen Kontakt" und ermöglicht eine Ablesung.

Das Dichroskop macht die "Einzelfarben" oder die Farbsättigung der Edelsteine nebeneinander sichtbar, die das bloße Auge alleine nicht sauber trennen kann. (Müllenmeister Hans Jörg,Faszination Edelstein,1990,S 160-171)

6.3. Die zwölf apokalyptischen Steine aus heutiger Sicht

Es wäre vermessen eine Übereinstimmung der historischen Edelsteinnamen mit den heutigen Mineralien gänzlich in Einklang bringen zu wollen. Zu viele Quellen müssten bearbeitet werden mit den unterschiedlichsten Interpretationen und manchen Übersetzungsmängel. Zudem würde die gesamte Edelsteinallegorese in Betracht gezogen werden, um eine exakte "Deutung" zu gewährleisten und außerdem alle literarischen Werke, die sich auf "Edelsteine" beziehen, dargelegt werden. Deshalb kann nur ein begrenzter "Ausschnitt" von Schriften stattfinden, um eine "Gesamtschau" der "Edelsteinbezeichnungen" auszuwerten. Und selbst darin hat man sich zu bescheiden, denn wohl nur ein Fachwissenschaftler vermag diesen "Namen" umfassend nachzugehen und versuchen zu erklären,obschon auch ihm manche Grenzen des Erkennens gesetzt sind. Dennoch soll ein "Überblick" zusammengestellt werden, der aber keineswegs Anspruch auf Vollständigkeit erhebt.

6.3.1. Überblick der neuen Edelsteinnamen

1) Kein Jaspis sondern Nephrit

2) Statt Saphir, Lapis lazuli (Lasurstein)

3) Chalzedon wird zum Granat

4) Smaragd wechselt zu Malachit, Serpentin

5) Sardonyx wird als Sarder bezeichnet

6) Sardion erhält den Namen Karneol

7) Chrysolit bleibt Olivin (Peridot)

8) Beryll bleibt der gleiche

9) Topas wird zum Olivin

10) Chrysopras grüner Stein mit goldenen Tropfen

11) Hyazinth gibt den Namen an Saphir

12) Amethyst bleibt der gleiche Stein

6.3.2. Auswertung der apokalyptischen Steine

(Praktische Gemmologie, 1973, Eppler W.F.)

6.3.2.1. Nephrit (Praktische Gemmologie, 1973, Eppler W.F. S 270 ff)

Der Name stammt vom griechischen "nephros" = Niere und bedeutet Nierenstein. Früher wurde der Nephrit als Amulett und auch als Heilmittel gegen Nierenleiden angesehen.
Chemische Zusammensetzung: $Ca_2(Mg, Fe)_5(OH \times Si_4O_{11})_2$ oder $2CaO \times 5(Mg, Fe)O \times 8SiO_2 \times H_2O$; monoklin.

Calcium-Magnesium-Eisen-Silicat
(Edelsteine und Schmucksteine, 1995, S 156, Schumann Walter)

Härte: 6 1/2, sehr zäh.
Bruch: splitterig und scharfkantig.
Spezifisches Gewicht (SG): 2,90 bis 3,02; meistens 3,00
Licht- und Doppelbrechung: n_a = 1,614 bis 1,641; n_g = 1,600 bis 1,627; auf dem Refraktometer kann eine schwache Grenzlinie bei etwa 1,62 abgelesen werden. n_g-n_a = -0,027
Absorptionsspektrum undeutlich: 6890 (Dublette),5090,(4900),(4600)A.
Fluoreszenz: unter langw. und kurzw. UV keine, unter dem Chelsea-Filter grün.
Die Farbe des Nephrits ist ein kräftiges, mitteldunkles Grün, aber auch graugrün und rötlichbraun. Bei der Verwitterung nimmt er eine hellbraune oder auch gelbliche bis weißliche Farbe an. Er ist undurchsichtig, aber kantendurchscheinend und wird gelegentlich als "Jade" bezeichnet.
Der Nephrit ist ein Aktinolith (Strahlstein), der faserig ausgebildet und verfilzt ist. Diese Ausbildung verleiht ihm eine sehr große Zähigkeit,die in der Steinzeit von den damals lebenden Menschen zur Herstellung von Waffen und Geräten (z.B. Steinbeile) ausgenutzt wurde.

Die Verwendung des Nephrit ist vielseitig.Vor allem in China wird er seit sehr langer Zeit zu Schmuck und kunstvollen Vasen,Figuren und vielgestaltetem Ziergerät verarbeitet.
Die Verwechslungsmöglichkeit und Nachahmung aus Glas sind die gleichen, wie sie für den Jadeit angegeben sind. Gefärbter Nephrit und Dubletten bzw. Tripletten aus Nephrit sind nicht bekannt geworden.

6.3.2.2. Lapis lazuli (Lasurstein) (Praktische Gemmologie, 1973, Eppler W.F.S 304 ff)
Der Name kam, nach Hans Lüschen,im Mittelalter aus dem Persischen zu uns und zwar durch arabische Vermittlung. Als arabische Form wird angegeben "lazaward", daraus wurde mittellateinisch lazurium, lazurius oder labis lazuli.Sein zweiter Name"Lasurit"(oder Lasurstein) leitet sich vom Lapis lazuli ab und bedeutet wie dieser "blauer Stein".
Chemische Zusammensetzung sehr verwickelt: das eigentliche Lasurit-molekül $Na_8[S \times (AlSiO_4)_6]$ oder $3Na_2O \times Al_2O_3 \times 2SiO_2 \times 2Na_2S_3$ bildet einen Mischkristall mit den Molekülen des Sodaliths, $Na_8[Cl_2 \times (AlSiO_4)_6]$ oder $3NaO \times Al_2O_3 \times 2SiO_2 \times 2CaSO_4$ und des Hauyns$(Na, Ca)_{8-4}[(SO_4)_{2-1}(AlSiO_4)_6]$ oder $3Na_2O \times Al_2O_3 \times 2SiO_2 \times 2CaSO_4$
Kristallisation: kubisch; Kristalle sind sehr selten.
Härte: 5 1/2
Bruch: uneben, feinkörnig.
Spezifisches Gewicht der reinen Lasurkristalle:2,38 bis 2,42; des eigentlichen Lapis lazuli jedoch 2,7 bis 2,9, meistens 2,80; stark pyrithhaltige Stücke können noch höheren Wert haben.
Lichtbrechung: etwa 1,50
Fluoreszenz: unter dem Chelesa-Filter bräunlichrot und unter der kurzw. UV ein sehr deutliches weißliches Aufleuchten.
Der Lapis lazuli ist ein Gestein, das in der Hauptsache aus Diopsit (SG= 3,3)und Lasurit (SG=2,4) besteht.Außerdem ist an seinem Aufbau noch beteiligt:
Glimmer: (Phologopit, ein Kali-Magnesiaglimmer, SG etwa 2,9 und Muskovit, ein Kali-Tonerdeglimmer, SG etwa 2,8), Kalk (Calcit bzw. Dolomit, SG etwa 2,8)und Pyrit(SG =5,0 bis 5,2). An weiteren Gemengteilen werden noch genannt: Augit (SG =3,3 bis 3,5),Enstatit (SG= 3,1),Hornblende (SG =2,9 bis 3,4) und Humit (SG =3,1 bis 3,2; 1817 nach dem englischen Geologen A. Hume benannt ist ein F- oder OH-haltiges Magnesiumsilikat, monoklin). Die jeweils erwähnten Werte für das SG zeigen, dass sie alle über demjenigen des Lasurits liegen und dass damit das höhere SG des Gesteins Lapis lazuli verständlich wird.
Die "Farbe" des undurchsichtigen Lapis lazuli ist ein kräftiges, dunkles Blau, das von reinem Ultramarinblau bis zu heller blauen Farbtönen reichen kann. Eine grünlichblaue Farbe ist weniger begehrt. Gelegentlich wird er von kleinen weißen Körnchen aus Kalk durchsetzt, der im sog. "Chile-Lapis" in größeren Bereichen auftritt und für diesen kennzeichnend ist. Der messinggelbe Pyrit (die sog.Goldpünktchen) ist sehr häufig und seine wie Flitter wirkenden Kriställchen sind sehr beliebt.Sie werden für die Echtheit des Steines angesehen.Hellere Steine sollen durch ein mäßiges Erhitzen in der Farbe verbessert werden können.

6.3.2.3. Granat (extraLapis No.9, 1995, S 66 ff)

Jeder kennt ihn, den Edelstein mit den teils sanften, teils glühenden Rottönen. In der Angebotspalette an erschwinglichen Steinen spielt der rote Granat immer noch eine wichtige Rolle, auch wenn der üppig mit böhmischen Granaten besetzte Trachtenschmuck ein wenig aus der Mode gekommen ist. Doch wer außer Archäologen und Kunstgeschichtlern weiß, dass der rote Granat in Europa schon lange vor dem böhmischen Schmuck des 19. Jahrhunderts Furore machte, nämlich in der Zeit des frühen Mittelalters?

Granatum malum, Anthrax und Carbunculus

Andere Granate haben nie diesen Stellenwert besessen,obwohl die kräftig-grünen Tsavorite aus Afrika und die russischen Demantoide einiges Renomé erlangten. Der klassische Granat ist und bleibt der rote.

Sein Name stammt denn auch von den Farben des "granatum malum", dem Granatapfel mit seinen purpurnen Blüten und dem prächtig roten Fruchtfleisch, das in einzelne Körner gegliedert ist (lateinisch granum heißt Kern, Korn). Das Wort "Granat" wurde erst im Mittelalter geprägt - was die Frage aufwirft, wie er denn früher genannt wurde. Wie bei vielen anderen Edelsteinen wird sich auch dieser Name auf die Farbe beziehen.Die Farbe eines Steines ist noch vor der Form sein hervorstechendstes Merkmal und wir müssen uns bewusst machen, dass sie vor allem für den antiken Menschen die wichtigste Eigenschaft eines Minerals war. Eine mineralogische Systematik nach chemischen Gesichtspunkten und ähnlichen modernen Kriterien war damals unbekannt. Steine, die sich ihrem äußeren Anschein nach nur wenig unterscheiden, konnte man mit damaligen Mitteln nicht weiter differenzieren.

Wie etwa unterscheidet man Kristallbruchstücke oder rundlich geschliffene Steine, die alle rot und durchsichtig sind? Neben Granat und Rubin gab es in der Antike auch die rote Zirkonvarietät Hyazinth und den roten Edelspinell. Ganz einfach: Man formte einen Sammelbegriff. Alle durchsichtigen roten Edelsteine nannt man im alten Latein "Carbunculus",was "kleine Kohle" bedeutet.

Wer schon einmal einen böhmischen Granat gegen das Licht betrachtet hat, weiß, was gemeint ist: Er scheint aus sich heraus zu glimmen.

"Carbunculus" ist eine Übersetzung aus dem Griechischen, wo"anthrax" die gleiche Bedeutung besaß. Schließlich wurde aus Carbunculus unser heutiger "Karfunkel" der Märchen und Sagen, über dessen wundersame Eigenschaften noch zu berichten sein wird. Doch zurück zur Antike.

Von Plinius zu Albertus: Differenzierung des Carbunculus

Plinius der Ältere bietet in seiner "Naturgeschichte" einen Überblick über den naturwissenschaftlichen Kenntnisstand vor 2000 Jahren.Seine Kompilation griechischer, arabischer und östlicher Quellen erweist sich als umso wertvoller, als viele der von ihm zitierten Originalwerke verschollen sind.

Unter den roten Edelsteinen nannte Plinius "Carbunculus" den wertvollsten; er urteilte je nach Farbtiefen, Glanz und Herkunft verschiedener Arten: carbunculus indicus, carchedonius, alabandicus, garamanticus, und andere, die wie er selbst schreibt, nur schwer zu unterscheiden sind. Bezüglich der Herkunft im Mittelmeerraum berief sich Plinius auf verschiedene Autoren. Von Alabanda in Kleinasien bis Olisipio(Lissabon) im Westen, Karthago im Süden und Massilia an den nördlichen Gestaden des Mittelmeeres reicht die Palette. Dabei handelt es sich nach heutigem Erkenntnisstand eher um antike Umschlagplätze für Rohsteine und andere Waren oder um alte Schleifzentren als um die tatsächlichen Fundorte. Diese sind uns durch direkte archäologische Zeugnisse leider nicht bekannt. Hier besteht noch ein enormer Forschungsbedarf, was die Auswertung antiker Quellen und geologischer Gegebenheiten angeht.

Eine eindeutige Zuordnung unserer heutigen roten Edelsteine zu den verschiedenen Carbunculus-Qualitäten des Plinius ist jedenfalls schwierig. Granat spielte schon wegen seiner leichteren Verfügbarkeit neben Rubin, Spinell und Hyazinth sicherlich die wichtigste Rolle; doch lässt sich manches überlieferte Wehklagen über extreme Schwierigkeiten in der Steinbearbeitung dadurch erklären,dass wohl ein Rubin vorlag.Härte9

Viele Jahrhunderte nach Plinius erwähnte Albertus Magnus(1193-1280), der große Gelehrte des Mittelalters, in seiner Schrift "Liber Mineralium"

das Auftreten von drei Unterarten des Carbunculus: Balagius, Granatus und Rubinus. Inwieweit der Scholastiker mit diesen drei Spezies schon unsere "jetzigen"Spinell-, Granat- und Rubinkristalle vor sich hatte, lässt sich nur schwer entscheiden.

Immerhin: Albertus entscheidet sich dafür, dass es der Rubin sei,"qui vere dicitur carbunculus", der wirklich Karfunkel genannt wird, er zeigt die wunderbare Kraft des Steines in Vollkommenheit.Eine gute Diskussion der Karfunkel-Frage findet man übrigens in Hans Lüschens Buch "Die Namen der Steine" auf Seite 247. Für unser Thema, ist es auch sekundär, ob Karfunkel mineralogisch gesehen nun Rubin,Granat oder etwas anderes sei. Sicher ist jedenfalls, dass auch unser Granat als Karfunkel bezeichnet wurde und reichlich Verwendung fand.

Granat (Praktische Gemmologie, 1973, Eppler W.F. S 184 ff)
Der Name wird von lateinischen"granum"= Korn abgeleiter und verweist auf das häufige Vorkommen in rundlichen "Körnern".
Chemische Zusammensetzung: Die Granate bilden eine Gruppe von Silikaten mit ähnlicher Zusammensetzung und übereinstender, kubischer Struktur. Als Granate, die in Edelsteingüte gefunden werden sind:

Pyrop	Magnesiatongranat	$3MgO \times Al_2O_3 \times 3SiO_2$
Almandin	Eisentongranat	$3FeO \times Al_2O_3 \times 3SiO_2$
Spessartin	Mangantongranat	$3MnO \times Al_2O_3 \times 3SiO_2$
Grossular und Hessonit	Kalktongranat	$3CaO \times Al_2O_3 \times 3SiO_2$
Andradit:	Kalkeisengranat	$3CaO \times Fe_2O_3 \times 3SiO_2$
Demantoid (und Melanit)		
Uwarowit	Kalkchromgranat	$3CaO \times Cr_2O_3 \times 3SiO_2$

Die Granate bilden Mischungsreihen,teils lückenlose,teils aber auch mit Mischungslücken. Lückenlose Mischungsreihen bilden Pyrop und Almandin, Almandin und Spessartin,Grossular und Andradit (Melanit). Diese Reihen enthalten aber immer noch in wechselden Mengen Anteile der anderen Granatglieder.Die Mischungslücken der verschiedenen Reihen, z. B. Spessartin - Pyrop, Andradit (Melanit) - Grossular usw., sind unterschiedlich. Die reinen Endglieder der verschiedenen Mischungsreihen sind in der Natur unbekannt geblieben. Fünf von ihnen konnten 1955 mit dem Hoch-Druck und Temperaturverfahren hergestellt und näher untersucht werden. Seit einiger Zeit fasst man die Granate auch in zwei großen Gruppen zusammen und bezeichnet sie als "Pyralspit"(Pyrol-Almandin-Spessartin)und als "Ugrandit"(Uwarowit - Grossular - Andradit), aber auch zwischen diesen beiden können gewisse Mischungen vorkommen.
Der vielgestaltige Chemismus der Granate bedingt Schwankungen in ihren physikalischen Eigenschaften wie der Härte, des spezifischen Gewichtes, der Lichtbrechung, der Farbe und der Absorptionsspektren.
Gemeinsam haben die Granate folgende Eigenschaften:
Sie kristallisieren alle kubisch und bevorzugen den Rhombendodekaeder und dessen Kombinationen mit anderen Kristallformen. Sie haben eine geringe Spaltbarkeit nach dem Rhomboeder. Sie sind einfachbrechend, doch haben viele von ihnen eine anomale Doppelbrechung, die mitunter sehr stark ist und die durch den Isomorphismus hervorgerufen wird.

Pyrop

Der Name wird vom griechischen"pyropos"=feueräugig,feurig,abgeleitet. Chemische Zusammensetzung: Magnesiatongranat, $Mg_3Al_2(SiO_4)_3$ oder $3MgO$ x Al_2O_3 x SiO_2 mit geringem Gehalt an Eisen und Chrom, welche die Farbe bedingen und stets einen Gehalt an Almandin, der über 20% liegt, sowie zusätzlich an einigen Prozuenten von Grossular u. Uwarowit.

Kristallisation: kubisch Härte: 7 1/4

Spezifisches Gewicht: 3,7 bis 3,9; ausnahmsweise 3,650;meist 3,78; reiner synthetischer Pyrop 3,582

Lichtbrechung: n=1,74 bis 1,76; ausnahmsweise 1,730; meistens 1,745; reiner synthetischer Pyrop 1,714

Dispersion: im B-G-Bereich = 0,022

Absorptionsspektrum: 6870,6850,6710,6500, bis 5200,5050, allgemeine Absorption ab 4400 A. Stark almandinhaltiger Pyrop zeigt die Linien des Almandinspektrums, von dem drei kräftige Banden kennzeichnend sind, deren Mitten bei 5750, 5270, und 5050 A liegen.

Fluoreszenz: im langw. und kurzw. UV sowie in Röntgenstrahlen keine.

Die Farbe des Pyrops ist kräftig reinrot,blutrot,auch düsterrot und bräunlichrot. Sie beruht auf Nebenbestandteile von Eisen und Chrom.

Pyrop-Almandin-Mischkristalle

Zwischen Pyrop und dem Almanden gibt es Übergänge oder Mischkristalle, die wegen ihrer Eigenschaften weder zum Pyrop noch zum Almandin gehören. Die Farbe dieser Kristalle ist ein kräftiges Rot (blutrot), kann aber auch bräunlichrote und violette Farbtöne aufweisen.

Absorptionsspektrum: 6170,5760,5260,5050,4760,4620,4380,4280, 3930 A.

Fluoreszenz: keine unter lanw. und kurzw. UV.

Einschlüsse: wie im Pyrop wenige Kristalleinschlüsse, auch Apatit

Vorkommen: weit verbreitet, wie Almandin.

Härte: 7 1/2

Spezifisches Gewicht:3,95 bis 4,20;reiner synthetischer Almandin 4,318

Lichtbrechung: n=1,78 bis 1,81; rein synthetischer Almandin 1,83

Dispersion: im B-G-Bereich = 0,027

Fluoreszenz: keine im langw. und kurzw. UV.

Die Farbe des Almandin ist ein kräftiges Rot, auch blutrot und zeigt fast stets einen geringen, doch deutlich wahrnehmbaren Stich ins Violette. Die Farbe wird durch den geringen Gehalt an Eisen und Chrom bedingt.

Spessartin
Der Name weist auf einen frühen Fundort, den Rauhensteingipfel nördlich von Aschaffenburg im Spessart hin.
Chemische Zusammensetzung:Mangantongranat $Mn_3Al_2(SiO_4)_3$ oder 3 x MnO x Al_2O_3 x 3SiO_2 mit einem gewissen Eisengehalt; kubisch.
Spezifisches Gewicht: 4,12 bis 4,20; orangeroter Spessartin aus Brasilien 4,15; reiner synthetischer Spessartin 4,190 Härte: 7 1/4
Lichtbrechung: n=1,79 bis 1,81; orangeroter aus Brasilien 1,803-1,805; rein synthetischer Spessartin 1,800
Dispersion: imB-G-Bereich = 0,027
Absorptionssprektrum: 4950, 4845, 4810,4750,4620,4570,4550, 4400, 4350,4320,4240,4120, 4060, 3940 A. Kennzeichnend sind die breite 4320- und kräftige 4120-Linie,da die anderen von den Linien des stets vorhandenen Almandinspektrums überlagert sein können.
Fluoreszenz:keine unter langw.und kurzw.UVund unter Röntgenstrahlen
Der Spessartin ist ein seltener Edelstein. Seine Farbe reicht von gelblich-orange bis feuerrot und bräunlichrot und ähnelt damit manchemal dem Hessonit. Im fehlt aber dessen "schlieriges" Aussehen.
Als Einschlüsse werden gebogenen Fahnen aus winzigen Flüssigkeitseinschlüssen erwähnt, die ein "zerfetztes" Aussehen haben sollen und an ein Spitzengeflecht erinnern können. Auch geradlinige Wachstumsstreifen sind bekannt geworden.
Dunkelfarbig: 30,5% Pyrop; 27,8% Almandin; 39,2% Spessartin; 2,4% Andradit.
Hellfarbig: 42% Pyrop; 15,5% Almandin; 39,1% Spessartin; 2,4 % Andradit.

Grossular
Der Name nimmt Bezug auf die stachelbeerähnliche Farbe dieses Granats (neulateinisch-botanisch "grossularia" = Stachelbeere).
Chemische Zusammensetzung: Kalktongranat, $Ca_3Al_2(SiO_4)$ oder 3CaO x Al_2O_3 x 3SiO_2, kubisch, mit einem geringen Gehalt an Chrom. Oft ist (SiO_4) teilweise durch $(OH)_4$ ersetzt (= Hydrogrossular). Härte: 7 1/2
Spezifisches Gewicht: 3,60 bis 3,68 meistens 3,65; reiner synthetischer Grossular 3,594.
Lichtbrechung: n = 1,738 bis 1,745, Grossular aus Sambia 1,732;reiner synthetischer Grossular 1,734 Dispersion: im B-G-Bereich = 0,027
Absorptionsspektrum: 6970,6300,6050,5050 A.
Fluoreszenz:grüner Grossular unter langw.UV leuchtet kräftig rotorange, unter kurzw. UV deutlich gelborange, Chelsea-Filter rot.

Hessonit (ein Grossular)
Der Name ist vom griechischen "hesson" = geringer, abgeleitet worden, da nach Ansicht von Hauy(franz.Mineraloge, 1743-1822)dieser Granat geringere Eigenschaften als der Zirkon und die anderen Granate besitze.
Chemische Zusammensetzung: Kalktongranat,$Ca_3Al_2(SiO_4)_3$ oder 3CaO x Al_2O_3 x $3SiO_2$, kubisch, mit geringem Gehalt an zweiwertigem Eisen.
Härte: 7 1/2
Spezifisches Gewicht: etwa 3,65
Lichtbrechung: n = 1,742 bis 1,748
Dispersion: im B-G-Bereich = 0,027
Absorptionsspektrum: nicht kennzeichnend.
Fluoreszenz: keine unter langw. und kurzw. UV und Röntgenstrahlen.
Der Hessonit ist ein Grossular, dessen Farbe bräunlichgelb, bräunlichorage bis kräftig bräunlichrot ist. Er gleicht sehr dem Spessartin,der aber ein Mangantongranat ist. Seine Einschlüsse sind kennzeichnend.

Andradit
ist ein Kalkeisengranat, der seinen Namen nach dem portugiesischen Mineralogen J.B. d´Andrada(1763-1838) erhalten hat. Sein wichtigster Vertreter ist der

Demantoid
Der Name bedeutet so viel wie "der Diamantähnliche"und weist auf seinen durch die hohe Lichtbrechung bedingten Glanz und die Dispersion hin, die größer als die des Diamanten ist.
Chemische Zusammensetzung: $Ca_3Fe_2(SiO_4)_3$ oder 3CaO x Fe_2O_3 x $3SiO_2$,kubisch,mit kleinen Gehalten an Magnesium,Mangan,Aluminium und Chrom, das die grüne Farbe verursacht.
Härte: 6 1/2
Spezifisches Gewicht: 3,82 bis 3,85; synthetischer Andradit 3,859
Lichtbrechung: n = 1,888 bis 1,889; synthetischer Andradit 1,887
Dispersion: im B-G-Bereich = 0,057 (Diamant = 0,044)
Absorptionssprektrum: 7010 (Dublette), 6930,6400,6220,4430 A.
Fluoreszenz: keine unter langw. und kurzw. UV sowie unter Röntgenstrahlen, unter dem Chelsea-Filter rötlich.
Die Farbe des Demantoids ist ein Grün,das meistens einen leicht gelblichgrünen Farbton hat. Sie kann aber auch sattgrün und fast smaragdgrün sein. Er ist ein seltener Edelstein,der hoch bewertet wird.Geschliffene Steine von etwa 2ct gehören bereits zu den Seltenheiten.

1868 wurde Demantoid erstmalsim Ural im verwitterten Serpentin gefunden, später auch im Kongo und mit Byssolitheinschlüssen. Verwechslungsmöglichkeiten bestehen mit dem synthetischen Yttrium-Aluminiumoxid, das eine Granatstruktur und, mit Chrom versetzt, eine grüne, dem Demantoid sehr ähnliche Farbe hat. Auch das mit Chrom grün gefärbte synthetische Lithium-Niobat (Linobat) kann mit dem Demantoid verwechselt werden. Es unterscheidet sich aber wesentliche durch seine Eigenschaften.

Melanit
ist ein undurchsichtiger, schwarzer Andradit, dessen Name vom griechischen"melas" = schwarz abgeleitet wurde. Er enthält zusätzlich dreiwertiges Titan.
Härte: 6 1/2
Spezifisches Gewicht: etwa 3,90
Lichtbrechung n =1,89,daher hat er einen starken Glanz. Er tritt im Phonolith oder in dessen Verwitterungsrückständen auf. Die Vorkommen liegen in Italien, Frankreich und in anderen Ländern.
Eine Verwechslungsmöglichkeit besteht mit schwarzem Glas, von dem er durch das hohe spezifische Gewicht und die hohe Lichtbrechung unterschieden werden kann.

Uwarowit
Dieser kräftig grüne bis dunkelgrüne Kalkchromgranat erheilt seinen Namen nach dem Staatsmann Sergej Semenowitsch Uwarow, 1786-1855.
Härte: 7 1/2
Spezifisches Gewicht: 3,77
Lichtbrechung: n = 1,87
Vorkommen meist begleitet von Chromit, aber nur in kleinen nicht verwertbaren Kristallen, befindet sich in Russland (Ural), Schlesien u.a. 1966 wurde erstmals ein"großer"Kristall von Uwarowit von mehr als 1ct Gewicht bekannt. Sein Fundort ist Orford in Quebec, Kanada.

6.3.2.4. Malachit (Praktische Gemmologie, 1973, Epper W.F., S 311 ff)
Der Name wird, wegen der grünen Farbe, vom griechischen "malache" = Malve abgeleitet, nach einer anderen Version wegen der geringen Härte vom griechischen "malakos" = weich.
Chemische Zusammensetzung: ein "wasserhaltiges Kupfercarbonat" $Cu_2(OH)_2CO_3$ oder $CuCO_3$ x $Cu(OH)_2$
Kristallisation:monoklin. Die Kriställchen bilden kleine Fasern,die senkrecht zu einer Wachstumsstreifung stehen und an den Aufbau des Chalzedons im Achat erinnern.
Härte: 4
Strich: grün
Bruch: kleinmuschelig
Spezifisches Gewicht: meistens 3,75; kann bis 3,95 ansteigen.
Lichtbrechung: n_a=1,655; n_b=1,875; n_g=1,909
Fluoreszenz: keine
Der Malachit ist undurchsichtig und hat eine lebhaft grüne Farbe. Die geschliffenen Stücke zeigen hellgrüne, mittelgrüne, dunkelgrüne und schwärzlichgrüne Zeichnungen,die durch den schaligen,rundlichen und teilweise nierigen, teilweise auch stalaktischen Aufbau des Steines bedingt sind.
Die Entstehung erfolgte nach P. Ramdohr "durch Wechselwirkung des bei der Verwitterung der Kupfersulfide sich bildenden Kupfersulfats mit Carbonaten der Gangart oder des Nebengesteins".
Die Vorkommen sind an Kupfererzlagerstätten gebunden,so im Ural in Russland, aber auch in Kantanga, dem jetzigen Schaba, im südlichen Zaire (dem früheren Kongo),der heute den besten und schönsten Malachit liefert.Weitere Vorkommen sind in SüdwestAfrika,in Australien und in den USA bekanntgeworden. Trotz seiner niedrigen Härte wird er zu Dosen, Platten und kleinen Figuren,aber auch zu Halsketten und Cabochons verarbeitet. Malachit ist ein wertvolles Kupfererz.

Serpentin
Der Name ist abgeleitet vom lateinischen "serpens" = Schlange, wahrscheinlich wegen der schlangenhautähnliches Zeichnung und Farbverteilung des Steines. Lichtbrechung: Refraktometermessung 1,55 - 1,56.
Chemische Zusammensetzung: ein wasserhaltiges Magnesiumsilikat, $Mg_6[(OH)_8$ x $Si_4O_{10}]$ oder 3MgO x $2SiO_2$ x $2H_2O$
Kristallisation: meistens monoklin(pseudorhobisch); stets derb in mikrokristalliner Ausbildung.
Härte: etwy 2 1/2; Bowenit bis 5 1/2
Bruch: muschelig und splitterig. Spezifisches Gewicht: 2,4 bis 2,7

6.3.2.5. Sarder (Praktische Gemmologie, 1973, Epper W.F, S 238)
Der rotbraune bis braune Chalcedon heißt Sarder (nach einer Stadt Sardes in Kleinasien,möglicherweise identisch mit den heutigen Ruinen von Sardis, etwa 70 km östlich von Ismir [Smyrna]. Von den zahlreichen Vorkommen haben diejenigen in' Rio Grande do Sul, Brasilien, in Uruguay und in Indien die größte Bedeutung.
Chemische Zusammensetzung: SiO_2 + Wasser
Kristallisation: trigonal; gelegentlich tritt Zweischichtigkeit auf.
Härte: knapp 7. Spezifisches Gewicht: 2,58 bis 2,64; meistens 2,60
Lichtbrechung: schwankt zwischen 1,530 und 1,539
Doppelbrechung: sehr gering bis zu 0,004
Fluoreszenz: unter kurzw. UV bläulichweiß.

6.3.2.6. Karneol (Praktische Gemmologie, 1973, Epper W.F.,S 238)
Der Karneol ist ein durchscheinender bis undurchsichtiger roter Chalcedon. Sein Name wird vom lateinischen "corna" = Kornelkirsche abgeleitet und bedeutet so viel wie"Edelstein von der Farbe der Kornelkirsche". Die Farbe reicht von fleischrot bis tiefrot und wird durch einen Eisengegehalt bedingt. Sie kann bei manchen Karneolen durch nachträgliches Erhitzen vertieft werden. Der größte Teil zu Schmuck verwendeten Karneole ist künstlich gefärbter Chalcedon. (Tränken mit einer Eisennitratlösung und anschließendes Erhitzen, wodurch im Stein ein leuchtend rotes Eisenoxid entsteht).
Chalcedon
Der Name stammt von einer Stadt Chalkedon oder Kalchedon,die etwa an der Stelle des heutigen Katiköy am Südende des Bosporus gegenüber von Konstantinopel (Istanbul) gelegen haben soll.
Chemische Zusammensetzung: SiO_2 + Wasser
Kristallisation: trigonal; gelegentlich tritt Zweiachsigkeit auf.
Härte: knapp 7 Spezifisches Gewicht: 2,58 bis 2,64; meistens um 2,60
Lichtbrechung: schwankt zwischen 1,530 und 1,539
Doppelbrechung: sehr gering, bis zu 0,004
Fluoreszenz: unter kurzw. UV bläulichweiß.
Der Chalcedon besteht aus langgestreckten, mikroskopisch kleinen Quazfasern, die an ihren Enden etwas zugespitzt sind. Ihre Größe ist etwas unterschiedlich und sie verlaufen fast parallel zueinander.An ihren Enden entstehen kleine Zwischenräume,von denen angenommen wird, dass sie mit Opal (ein wasserhaltiges SiO_2-Gel) ausgefüllt sind. Nach anderer Ansicht sollen die Zwischenräume ein System flüssigkeitsgefüllter Poren bilden.Die Farbe des Chalcedon ist grau bis weißlichgrau, sie kann aber auch bläulichweiß bis nahezu himmelblau sowie bräunlich und sehr schön grün sein.

6.3.2.7. Peridot (Praktische Gemmologie, 1973, Eppler W.F. S 172/173)
Der Name ist nicht eindeutig erklärbar. Möglicherweise hängt er mit dem arabischen "farida" = Perle,Edelstein, zusammen. Nach einer anderen Version soll er sich vom griechischen "peri" = über, in vorzüglichem Grad und "doter" = Geber ableiten in der Bedeutung von "peridona" =in Fülle geben,womit auf den Flächenreichtum seiner Kristalle hingewiesen werden soll. Ein zweiter, früher häufiger gebrauchter Name für den Peridot ist Chrysolith.Er geht auf das griechische"chrysos" = Gold und"lithos" = Stein zurück.Ob damit anfänglich wirklich der Peridot gemeint war oder ein anderer Edelstein, ist nicht mehr festzustellen. In der Mineralogie wurden 1790 von Werner die Bezeichnung Olivin, für diesen Stein engeführt wegen seiner olivgrünen Farbe.
Chemische Zusammensetzung: $(Mg,Fe)_2 SiO_4$ oder $2(Mg,Fe)O \times SiO_2$ mit Spuren von Nickel.
Kristallisation: rhombisch. Glied einer Mischungsreihe, deren Endglieder Forsterit(Mg_2SiO_4,benannt nach dem Naturwissenschaftler J. R.Forster) und Fayalit (Fe_2SiO_4, nach dem Vorkommen auf der Azoreninsel Fayal) sind. Der Peridot besteht aus rd. 80 bis 90% Forsterit und 20 bis 10% Fayalit.
Härte: 6 1/2 bis 6 3/4; spröde.
Spaltbarkeit:deutlich nach der Basis(001),unvollkommen nach dem Prisma (010); nach der neuen Aufstellung von H. Strunz.
Bruch: kleinmuschelig.
Spezifisches Gewicht: 3,27 bis 3,37; meistens 3,34
Lichtbrechung: n_a = 1,654; n_b= 1,671; n_g = 1,690
Peridot aus Norwegen: n_a = 1,650; n_g = 1,686
Doppelbrechung stark: $n_g - n_a$ = 0,036
Dispersion: im B-G-Bereich = 0,020
Glanz: glasähnlich und ölig.
Pleochroismus schwach: a farblos bis hellgrün, b grün, g hell grün.
Absorptionsspektrum: 4930 (breit), 4730 (weniger breit), 4530 (breit) A; und in der b-Richtung (6530), (5290) A.
Fluoreszenz unter UV und unter Röntgenstralen: keine.
Der Peridot wird vielfach in sehr gut ausgebildeten Kristallen gefunden. Sie können beachtliche Größe erreichen und das Gewicht von 100 g u. mehr aufweisen.Dies trifft besonders für Kristalle von Zeberged zu. Andere Vorkommen liefern kleinere und mitunter stark abgerollte Stücke. Die Farbe des Peridot ist kräftig grün mit einem leichten Stich ins Gelbgrüne. Sie kann warm und leuchtend sein, aber auch ausgesprochen gelbgrün und braungrün bis bräunlich. Diese Färbung wird dem Eisengehalt der Fayalitkomponente zugeschrieben, während für das leuchtende Grün neben dem Eisen noch Nickelgehalt verantwortlich ist.

6.3.2.8. Beryll (Behmenburg Christa, extraLapis No.21, 2001, S 4/9)
Wie bei Opal und Saphir stammen die Namen Beryll und Smaragd ursprünglich aus dem alten Indien. Ihre wahre Bedeutung verliert sich allerdings im Dunkel der Geschichte.
Beryll hängt vielleicht mit der alten Handelsstadt "Belur" zusammen. Eine Spur läuft über das Wort für "Perle"; Im Altindischen heißt sie veluriya, im Sanskrit vaidura. Diese Bezeichnung wurde im Laufe langer Zeit ganz allgemein auf "Kristall" ausgedehnt. Wegen der Verwandtschaft von "v" und "w" zu "b"änderte sich dieses Wort auf seinem Weg in den Westen: Über das chaldäische birla, arabische ballur oder billuar, bulur, das griechische beryllos und römische berullus bzw. beryllus fand der "Beryll" schließlich Eingang in unsere Sprache.
In Frankreich wurde aus diesem Wort sogar das Verb für "glänzen":briller. Um 1820 erschien den Parisern ihre Welt unübertrefflich schön, und das damalige Modewort brillant griff bald auf Deutschland über. Weitere Entwicklungen stellen die "Brillantine"dar sowie die glitzernden "Brillanten", welche zarte Ohrläppchen und ausladende Décolletés verschönerten. Vom Beryll stammt übrigens auch die "Brille" ab. Kaiser Nero soll sogar eine Brille aus Smaragd gehabt haben.
Im 37.Buch/Kap.5 der Historia naturalis schreibt Plinius:"Nero princeps gladiatorum pugnas spetabat in zmaragdo".
Eppler W.F. Praktische Gemmologie, 1973, S 138 ff schreibt:
Beryll umfasst Smaragd, Aquamarin, Rosa-Beryll, Gold-Beryll und grünlich gelben Beryll, die im wesentlichen von ihren chemischen und physikalischen Eigenschaften übereinstimmen. Das Beryllium-Aluminiumsilikat, aus dem sie bestehen,bildet ein Kristallgitter mit sechsseitigen,röhrförmigen Hohlräumen, die beim Wachstum der Kristalle eine ganze Reihe gitterfremder Substanzen aufnehmen können.
Smaragd
Der Name stammt vom griechischen "smaragdos" = Smaragd im Sinne von grünem Stein, worunter wahrscheinlich der <u>grüne Flusspat</u> (CaF_2) (Härte 4) ebenso wie <u>grünes Glas</u> verstanden worden ist.
Chemische Zusammensetzung: $Al_2Be_3(Si_6O_{18})$ oder $3BeO \times Al_2O_3 \times 6 SiO_2$ mit einem Gehalt von etwa 0,1 bis 0,3% Cr_2O_3.Gelegentlich kann auch Vanadium (V) bis zu 0,15% anwesend sein.
Kristallisation: hexagonal
Härte: 7 1/2
Spaltbarkeit: sehr undeutlich nach der Basis.
Bruch: kleinmuschelig bis uneben.
Spezifisches Gewicht: 2,67 bis 2,78; im Mittel 2,73.
Licht und Doppelbrechung:im Mittel: n_o=1,582; n_e=1.576; n_e-n_o=-0,006

Dispersion: im B-G-Bereich = 0,014
Pleochroismus: o = grün; e = blaugrün und auch gelbgrün.
Absorptionsspektrum: 6835, 6806, 6620,6460,6370,(6060,5940),6300-5800,4774,4725 A. ab 4600 allgemeine Absorption.
Fluoreszenz:Unter dem Chelsea-Filter erscheinen die meisten Smaragde rot, auch synthetischer Smaragd (sehr kräftig rot; einige der neueren Herstellung bleiben grün).
Unter langw. und kurzw. UV sprechen die meisten Smaragde nicht an, während die synthetischen Smaragde teils rot, teils nicht fluoreszieren.
Der Smaragd ist der am höchsten bewertete Beryll. Seine Kristalle zeigen meistens einfache Formen und bestehen vielfach nur aus dem hexagonalen Prisma mit der Basis. Die grüne Farbe des Smaragdes geht auf einen Gehalt an Chrom zurück, gelegentlich auch auf Vanadium. An manchen Smaragden treten erhebliche Farbunterschiede auf,die als ein sicheres Kennzeichen für ihre Echtheit angesehen werden können.

Eigenschaften grüner Steine

	H	SG	n	Doppelbrechung
Smaragd	7½	2,71	1,58 und 1,57	-0,006
Turmalin	7	3,05	1,64 und 1,62	-0,018
Flußspat	4	3,18	1,43	keine
Grossular	7½	3,64	1,74	keine
Beryll-Glas	7	2,49	1,52	keine
grünes Glas	5½	4,25	1,70	keine

6.3.2.9. Olivin siehe Peridot (Chrysolith)

6.3.2.10. Chrysopras (Eppler W.F. Praktische Gemmologie, 1973, S 243 f)

Der Name wird vom griechischen "chrysos" =Gold und "prason"=Lauch abgeleitet, aber diese Farbenangaben ergeben heute keinen Sinn. Der Chrysopras ist ein grüner Chalcedon; (seine Eigenschaften wie der Chalcedon; sein Absorptionsspektrum zeigt nur eine schwer bestimmbare Linie im Orangen). Seine Farbe ist ein kräftiges, leuchtendes Grün, das auch durch die Bezeichnung als apfelgrün nicht ausreichend gekennzeichnet wird. Sie geht auf einen Gehalt von Nickel zurück, das höchstwahrscheinlich als Silikat vorliegt und vermutlich als Garnierit, $3(Ni,Mg)O \times 2SiO_2 \times 2H_2O$, monoklin eingelagert ist.
Es ist so fein verteilt,dass es auch bei starker Vergrößerung mikroskopisch nicht erkannt werden kann. Der Nickelgehalt schwankt zwischen 0,5 und 2,4%. Im Gegensatz zu anderen Chalcedonen deren Quarzfasern parallel oder annähernd parallel verlaufen, haben im Chrysopras eine radialstrahlige Anordnung. Die Ringe innerhalb der Scheibchen bzw. Kugeln deuten ,dass sie in mehreren Schüben auskristallisierten. Enthält der Chrysopras noch Flecken von braunem oder weißlichem Muttergestein, so nennt man ihn auch Chrysoprasmatrix.
Chemische Zusammensetzung: SiO_2 + Wasser.
Kristallisation: trigonal; gelegentlich tritt Zweiachsigkeit auf.
Härte: knapp 7
Spezifisches Gewicht: 2,58 bis 2,64; meistens 2,60
Lichtbrechung: schwankt zwischen 1,530 und 1,539
Doppelbrechung: sehr gering, bis zu 0,004
Fluoreszenz: unter kurzw. UV bläulichweiß.
Verwechslungsmöglichkeiten bestehen mit einem natürlichen, durch Chrom grünen "Chalcedon", der dem Chrysopras sehr ähnlich ist. Im Gegensatz zum Chrysopras erscheint er unter dem Chelsea-Filter rot. Er zeigt im Absorptionsspektrum nur eine Linie bei 6790 A.
Nach Schumann Walter, Edelsteine und Schmucksteine, 1995, S 128
Vorkommen in Serpentingestein und in Verwitterungsmassen von Nikkel-Erz-Lagerstätten als Knollen und Spaltenfüllungen. Bedeutendster Fundort war früher die schon seit dem 14. Jahrhundert ausgebeutete Lagerstätte von Frankenstein (Zabkowice) in Oberschlesien (Polen). Verwendung als Cabochon, für Halsketten und für kunstgewerbliche Gegenstände.

6.3.2.11. Saphir (Eppler W.F, Praktische Gemmologie, 1973, S 74 ff)
Der Name stammt vom griechischen "sappheiros", das als Fremdwort aus dem Osten angesehen wird. Er bezeichnet bis ins Mittelalter den Lapis lazuli.
Chemische Zusammensetzung: Aluminiumoxid(Tonerde), Al_2O_3, mit etwa 0,005% bis 0,8% Eisen, dessen Wertigkeit die blaue (Fe_{++}), grüne oder gelbe (Fe_{+++}) hervorruft. Weitere Elemente, welche die Farbe beeinflussen, sind Vandium (violett) und Chrom (rosa). Zusätzlich sind einige Spurenelemente wie Ti, Si usw. enthalten.
Kristallisation: trigonal
Härte: 9 mit deutlichen Unterschieden in Abhängigkeit von der Richtung; auf der Basis etwas härter als auf den Flächen der Prismenzone.
Spaltbarkeit:keine;dagegen besteht eine mechanische Translation nach der Basis (0001) = eine mechanische Verschiebung von Gitterpaketen unterschiedlicher Dicke parallel zur Basis und ferner eine Zwillingsleitung nach dem Grundrhomboeder (1011) = Umkippen beschränkter Bereiche in die Zwillingsstellung parallel zu (1011), hervorgerufen durch eine Stress- oder Druckbeanspruchung in der Lagerstätte.
Bruch: kleinmuschelig, uneben und splitterig.
Spezifisches Gewicht: 3,99 mit geringen Schwankungen.
Lichtbrechung: n_o = 1,768; n_e = 1,760 (Durchschnitt von blauem Ceylon-Saphir). n_o = 1,78; n_e = 1,77 (für grünen Saphir). n_o = 1,770; n_e = 1,762. (Durchschnitt für violetten Saphir aus Tansania)
Doppelbrechung: n_e - n_o = 0,008
Dispersion: im B-G-Bereich = 0,018
Dichroismus: kräftig
Absorptionsspektrum: blauer Saphir von Ceylon meist nur 4500 A.
grüner Saphir 4600 und 4500 A.
gelber Saphir 4700,4600,4500 A.
Fluoreszenz: unter langw. UV unter kurzw. UV mittel.
Gekreuzte Filter: Rosa-Saphir zeigt eine kräftige Fluoreszenz, für kurzwelliges UV-Licht undurchlässig.
Ursprünglich kam nur dem blauen Korund der Name "Saphir" zu, den roten nannte man wohl schon immer "Rubin". Die andersfarbigen wurden mit Namen belegt,die,glücklicherweise, seit einiger Zeit als unrichtig erkannt und aufgegeben worden sind.
Die blaue Farbe des Saphir wird durch einen geringen Gehalt an dreiwertigem Eisen verursacht, während zweiwertiges Eisen eine gelbe Färbung hervorruft. Der Padparadscha ist ein rötlich- bis orangegelber Saphir. Die orange Farbe wird durch einen geringen Gehalt an Chrom (0,02%), Eisen (0,04%) und etwas Vanadium hervorgerufen.

6.3.2.12.Amethyst (Eppler W.F., Praktische Gemmologie, 1973, S 228 ff)

Der Name stammt vom griechischen "amethyein" = vor Trunkenheit bewahren; im Altertum wurde der Amethyst als ein Amulett gegen die Trunkenheit angesehen.

Chemische Zusammensetzung,Kristallisation,Härte,Spaltbarkeit, Bruch, Spezifisches Gewicht, Licht- und Doppelbrechung, Dispersion, Fluoreszenz wie bei Bergkristall.

Der Name Bergkristall (S 216)stammt vom griechischen "krystallos" = Eis.

Chemische Zusammensetzung: SiO_2

Kristallisation: trigonal. Härte: 7.

Spaltbarkeit: sehr gering und weniger nach dem Grundrhomboeder als nach Flächen, die zwischen 45°und 65° sowie zwischen 70°und 75° zur c-Achse geneigt sind.

Bruch: muschelig. Spezifisches Gewicht: 2,651.

Licht- und Doppelbrechung: n_o = 1.544: n_e = 1,553; n_e - n_o = 0,009.

Dispersion: im B-G-Bereich = 0,013.

Fluoreszenz unter lang- und kurzwelligem UV: keine.

Der Bau der Amethystkristalle weicht so sehr von dem der anderen kristallbildenden Quarze ab, dass sogar von einer eigenen Amethyststruktur gesprochen wird. Sie kommt dadurch zustande, dass die dünnen Lagen parallel zu den Rhomboederflächen Rechts- und Linksquarz miteinander abwechseln. Platten aus Amethyst senkrecht zur Hauptachse zeigen daher zwischen gekreuzten Polarisatoren eine Felderteilung, innerhalb derer die erwähnten dünnen Lagen als feine, aber doch deutlich erkennbare Lamellen auftreten. An geschliffenen Amethysten wird diese Erscheinung wohl nur mit Schwierigkeiten zu beobachten sein.

Die Farbe des Amethysts ist violett und rosaviolett in verschiedenen Abstufungen.Vielfach ist eine Farbverteilung in geraden und winkeligen Zonen(zonare Farbverteilung)vorhanden,aber auch in unregelmäßigen Bereichen. Die Ursache der Farbe ist noch nicht bekannt.

Auf Grund der Versuche zur Herstellung synthetischen Amethysts wird vermutet, dass ein Eisengehalt verbunden mit einer radioaktiven Strahlung die Färbung hervorgerufen haben kann.

Beim Erhitzen des Amethysts auf etwa 400°und auch etwas darüber ändert sich seine Farbe in gelb oder in farblos. Bestimmte Amethyste mit einer Farbe, die zwischen dem Amethyst und Rauchquarz liegt,nehmen nach der Erhitzung auf etwa 250° eine leuchtende gelbrote bis braunrote Farbe an. Gewisse Amethyste bleichen im Tageslicht fast bis zur Farblosigkeit aus. Die grüne Farbe "Prasiolith" entsteht durch Erhitzen auf etwa 500°.(Schumann Walter, Edelsteine und Schmucksteine,1995 S 120 ="lauchgrüner Stein" abgeleitet vom griechischen, kommt nicht natürlich vor.)

6.4. Farbenauswertung der Edelsteine aus heutiger Sicht

Unsere Zeit kennt die "Paradigmen" verschiedener Weltvorstellungen und versucht mit physikalischen Messgeräten weiter in das Innere der Phänomene einzudringen, um einen Überblick über die Farben gewinnen zu können. Wenn auch "manches" noch nicht erforscht und gefunden worden ist, möchte sie dennoch in das Dunkel hineinschauen um das Verborgene ans Tageslicht zu bringen.

Aus der bisherigen Bearbeitung lassen sich verschiedene Farbbestimmungen ableiten, die bisher noch nicht "zusammenfassend" veröffentlicht worden sind. Es wird mithin der Versuch unternommen einer differenzierten Ursache der Farben in den Edelsteinen nachzugehen.

Aus den Darlegungen (extraLapis,No.19, 2000, S 32,36) lässt sich am Diamant, der in seiner Chemischen Zusammensetzung farblos ist eine Veränderung der Farbe feststellen:

1) Durch "Strukturfehler" des Kristalles wird eine Braunfärbung bewirkt.

2) Die Radioaktivität bringt eine Färbung nach Grün hervor.

3) Veränderungen im Kristallgitter: a) durch stickstoffreiche Atome wird im Diamant eine Gelbfärbung verursacht.

b) Elektronenfehlstellen im Diamant, die mit dem Element Bor besetzt werden, zeigen eine blaue Farbe an.

c) Die Rosafärbung des Diamantes wird durch das Element Nickel (Ni) hervorgerufen.

d) Die Farbe des roten und orangen Diamants ist noch nicht eindeutig erklärbar.

Dagegen beurteilt (Eppler W.F.,Praktische Gemmologie,1973, S 7) Die Ursache der Farbe beim Diamanten ist nur teilweise geklärt. Alle gelben Diamanten enthalten Eisen, die rosa roten Mangan und die grünen vor allem aber die blauen Diamanten, Aluminium.

Bei der Bearbeitung des Korund Rubin und Saphir (extraLapis, No.15, 1998, S 4) erhält reiner, farbloser Korund(Al_2O_3) durch eine sehr geringe Menge von Chrom eine rosa bzw. rote Tönung.

Eisen und Titan sind die Ursache der Blaufärbung.

Eisen verursacht auch eine Gelbtönung.

Orange wird bewirkt durch Überlagerung von roter und gelber Farbtöne.

Violett entsteht durch die Kombination von Blau (Fe/Ti) mit Rot (Cr/Va).

Die Definition des Smaragd über die Farbursache(extraLapis No.21,2001,S 78) nennt als moderne, schnelle, zerstörungsfreie und objektive Nachweismethode die Absorptionsspektroskopie. Damit ergibt sich, dass Chrom und Vanadium-Banden polarisiert senkrecht zur c-Achse gemessen werden. (Eisen bewirkt eine Blaufärbung zu Aquamarin, Nickel eine Gelbfärbung des Beryll).

Im Nephrit wird die güne Farbe durch Mangan(Mn) und Eisen(Fe) veranlasst. (Eppler W.F., Praktische Gemmologie, 1973, S 270)

Beim Lapis lazuli(Lasurstein) ist die blaue Färbung durch den Schwefel maßgebend. (Schumann Walter, Edelstein und Schmucksteine, 1995, S 172)

Für die Rotfärbung des Granat sind die "Spurenelemente" von Eisen und Chrom ausschlaggebend. (Eppler W.F.,Praktische Gemmologie, 1973, S 185,190) Das Grün des Grossular wird durch Chrom hervorgerufen.(Eppler W.F.,Praktische Gemmologie, 1973, S 195)

Im Malachit bewirkt wohl das Kupfer die grüne Färbung. (Schumann Walter, Edelsteine und Schmucksteine, 1995, S 176)

Der Karneol wird durch kleinste Elemente des Eisen (Fe) rot gefärbt. (Schumann Walter, Edelsteine und Schmucksteine, 1995, S 126)

Olivin, Peridot, Chrysolith erhält seine güne Färbung durch geringe Spurenelemente von Eisen (Fayalit $Fe_2[SiO_4]$) und die gelbliche durch geringe Anteile an Nickel (Ni). (Eppler W.F., Praktische Gemmologie, 1973, S 273)

Beim Chrysopras ist Nickel für das sogenannte "Apfelgrün" die farbgebende Substanz. (Schumann Walter, Edelsteine und Schmucksteine, 1995, S 128)

Im Amethyst ist angeblich die Ursache der Farbe noch nicht bekannt, (Eppler W.F.,Praktische Gemmologie, 1973, S 228)während Eisen mit Wirkung von "Höhenstrahlen" für die violette Färbung ausschlaggebend wären. (Schumann Walter, Edelsteine und Schmucksteine, 1995, S 118)

Flusspat erhält das Grün durch Spurenelemente von Yttrium. (Epper W.F., Praktische Gemmologie, 1973, S 335)

Aus dieser Zusammenstellung geht hervor, dass es unmöglich ist, die Frage eindeutig zu beantworten was in den Edelsteinen die Farbgebung bewirkt, noch eine "exakte" Bestimmung der Farben zu gewinnen, oder eine farbliche Zuordnung aufzulisten.
Tabellen von Edelsteinfarben werden in der Gemmologie reichlich angeboten und vermitteln einen guten "Überblick" über die jeweiligen Farben, aber nach der "Ursache" welche Einflüsse oder Spurenelemente für die Farbtönung ausschlaggebend sind, wird kaum gefragt.

Schlusswort

Der Aufsatz aus extraLapis No.13,1993,S 6/7, versucht ein wenig Licht in die Namensgebung der Edelsteine zu bringen. Am Beispiel des sehr früh gefundenen Topas wird das dargelegt.

Der erste bekannte Topas (fluorhaltiges Aluminiumsilikat), war im ägyptischen Schmuck aus dem Zeitraum 1580 - 1350 v.Chr. Schon seit ein paar tausend Jahren wird nach Flint,Türkis und Kupfer gegraben - und auch nach Zinn -. Und damit ist eine wichtige Spur entdeckt:Topas und Quarz sind häufige Begleiter von Zinnerzen.

Sydney H. Ball(1950) hat in seiner sorgfältigen Arbeit über Plinius Secundus einige Namen ausgemacht, die für Topas stehen könnten: chrysolithos (griechisch "Goldstein", der heutige Olivin bzw. Peridot), leucochrysos (weißgolden) und lyncurium. Alle drei Beschreibungen können auf den "Topas" schließen lassen. Farblose Topase mögen auch unter crystallus und pangonius gelaufen sein; letzterer soll flächenreicher und nicht länger als ein Finger gefunden werden.Lynchis (griechisch = Licht, Leuchte) sei von großer Schönheit und habe die Farbe einer Kerzenflamme; man fände ihn in Karien (heute Türkei), die schönsten kämen aber aus Indien (also auch aus dem heutigen Pakistan).

Bei Hans Lüschen, Namen der Steine, 1979², S 241, werden drei Arten unterschieden:

Erstens iacintus rubeus oder granatus, roter oder granatfarbener Hyazinth, unser Rubin.

Zweitens iacintus citrinus, gelber Hyazinth, unser gelber Korund.

Drittens iacintus venetus oder saphirinus, blauer oder saphirfarbener Hyazinth, unser Saphir.

Eine umfassende Farbauswertung kann nach bisherigem, wissenschaftlichem Stand noch nicht erfolgen. Lediglich ein Ansatz hinsichtlich der Namensherkunft wie auch der Farbursache würde unternommen, die zu weiterem Suchen und Forschen auffordern. Auch die Bearbeitung von Plinius Secundus soll in einem eigenen Band erfolgen.

Die Ausarbeitung aber lässt bereits die Bestimmung der gesuchten "apokalyptischen Steine" zu und diesen den entsprechenden Platz im Relief des himmlichen Jerusalem geben.

Rudolf Gerber

Grimms Märchen in Gedicht, Band I, 2001, 184 Seiten

Grimms Märchen in Gedicht, Band II, 2001, 178 Seiten

Grimms Märchen in Gedicht, Band III, 2001, ISBN 3-8311-2839-1, 254 Seiten

Geschichte & Gesichte, 2001, ISBN 3-8311-2537-6, 88Seiten

Philosophisches Politisches in Gedicht, 2001, ISBN 3-8311-2699-2, 56 Seiten

Mystik, 2001, 84 Seiten

Geistige Strukturen, 2001, ISBN 3-8311-2637-2, 54 Seiten

Wegweisender Jesus, 2001, ISBN 3-8311-2840-5, 52 Seiten

Bibel für jeden (in Reimen zu lesen), 2001, ISBN 3-8311-2857-X, 94 Seiten

Fabeln (in Reimform), 2001, ISBN 3-8311-2838-3, 74 Seiten

Balladen, 2001, ISBN 3831125368, 70 Seiten

Kosmos & Vision, 2001, ISBN 3-8311-2637-2, 50 Seiten

Apokalyptische Steine, 2002, ISBN, 65 Seiten,

Vergriffene Schriften:

Bd.1. Sebastian Cerdo: St. Wendel z.Zt.des 30-jährigen Krieges, 1989², 86 Seiten.
Bd.2. Die Einwohner von St. Wendel vor dem 30-jährigen Krieg, 1990, 177 Seiten.
Bd.3. Listen, Register, Verzeichnisse vor 1700, 1990, 184 Seiten.
Bd.4. Die Einwohner von St. Wendel z.Zt.des 30-jährigen Krieges (St.A.), 1990, 177 Seiten.
Bd.5. Die Einwohner von St. Wendel von 1648 - 1700 (St.A.), 1990, 188 Seiten.
Bd.6. Ergänzungen: Einwohner von St. Wendel nach den Pfarrbüchern (PfB), 1990, 188 Seiten.
Bd.7. Die Einwohner von St. Wendel vom Ursprung bis 1500. 1990, 158 Seiten.
Bd.8. Die Einwohner von St. Wendel im 16. Jahrhundert, 1999, 158 Seiten.
Bd.9. Die Einwohner von St. Wendel ab 1700 bis 1750 (St.A.), 1991, 184 Seiten.
Bd.10. Die Einwohner von St. Wendel ab 1750 bis 1770 (St.A.), 1991, 223 Seiten.
Bd.11. Die Einwohner von St. Wendel ab 1770 bis 1780 (St.A.), 1991, 139 Seiten.
Bd.12. "Ahnen" der Familie Gerber, 1991, 80 Seiten.
Bd.13. Die Einwohner von St. Wendel ab 1780 bis 1790 (St.A.), 1991, 118 Seiten.
Bd.14. Listen des Amtes St. Wendel von 1600 bis 1800 (St.A.), 1991, 135 Seiten.
Bd.15. Listen, Register, Verzeichnisse von 1700 bis 1800 (St.A.)1991, 140 Seiten.
Bd.16. Urkunden von St. Wendel aus dem 16. bis 18. Jahrh., (LHAKoblenz), 1991, 86 Seiten.
Bd.17. Stadt- und Pfarrgeschichte St. Wendel bis Mitte des 16. Jahrh., 1991, 50 Seiten.
Bd.18. St. Wendel am Vorabend des 30-jährigen Krieges u. ähnl. Städte, 1992, 140 Seiten.
Bd.19. St. Wendel am Vorabend des 30-jährigen Krieges u. Saarl. Städte, 1992, 188 Seiten.
Bd.20. Die wirtschaftliche Lage und die soziale Not von St. Wendel um 1600. 1992, 170 Seiten.
Bd.21. "Alte Lagerbücher" von St. Wendel I. Band, 1992, 185 Seiten.
Bd.22. "Neues Lagerbuch" von St. Wendel Teil I.(A), 1992, 187 Seiten.
Bd.23. "Neues Lagerbuch" von St. Wendel Teil II.(B), 1992, 220 Seiten.
Bd.24. "Specialcharte" über den Bann von St. Wendel, 1992, 100 Seiten.
Bd.25. Alte Urkunden von St. Wendel ab 630 bis 1461, 1993, 161 Seiten.
Bd.26. Kriegsschicksal der Familie Johannes Gerber, Hostenbach, 1993, ~100 Seiten.
Bd.27. Urkundensammlung (US) PfA St. Wendel von 1304 - 1417, 1993, 80 Seiten.
Bd.28. Urkundensammlung (US) PfA St. Wendel von 1418 - 1477, 1993, 80 Seiten.
Bd.29. Urkundensammlung (US) PfA St. Wendel von 1477 - 1506, 1993, 80 Seiten.
Bd.30. Urkundensammlung (US) PfA St. Wendel von 1506 - 1960, 1993, 120 Seiten.
Bd.31. Regesten der (US) PfA St. Wendel von 1304 - 1960, 1995, 61 Seiten.
Bd.32. Einwohnerbuch St. Wendel I. Vor 1500 bis 1800, 1994, 400 Seiten.
Bd.32. Einwohnerbuch St. Wendel II, III, IV, 1800-1880, 1995/1996, 290; 62; 135 Seiten.
Bd.33. Weltbild und Bild des Menschen nach Gn 1-3, und Meditation, 1998, 72 Seiten.
Bd.34. Meditationen, 1998, 140 Seiten.
Bd.35. Apostelberichte in Gedichte, 1999, 92 Seiten
Bd.36. Bibelbriefe in Gedichte, 1999, 67 Seiten.
Bd.37. Buntes Allerlei, (Gedichte), 1999, 68 Seiten.
Bd.38. Reisegedichte, 1999/2001, ~ 60 Seiten.